「秋叶静美」生死学丛书

生命与尊严

张永超 著

华龄出版社

责任编辑：魏鸿鸣
责任印制：李末圻

图书在版编目（CIP）数据

生命与尊严 / 张永超著 . -- 北京：华龄出版社，
2020.12

ISBN 978-7-5169-1751-0

Ⅰ.①生…　Ⅱ.①张…　Ⅲ.①生命哲学—通俗读物
Ⅳ.① B083-49

中国版本图书馆 CIP 数据核字（2020）第 180867 号

书　　名：生命与尊严
作　　者：张永超　著

出 版 人：胡福君
出版发行：华龄出版社
地　　址：北京市东城区安定门外大街甲57号　　邮　编：100011
电　　话：010-58122246　　　　　　　　　传　真：010-84049572
网　　址：http://www.hualingpress.com

印　　刷：北京市大宝装潢印刷厂
版　　次：2020年12月第1版　　2020年12月第1次印刷
开　　本：710mm×1000mm　　1/16　　　　印　张：10
字　　数：110千字
定　　价：50.00元

《秋叶静美》丛书编委会

主　编：胡宜安

副主编：雷爱民　张永超

编　委：胡宜安　雷爱民　张永超

　　　　何仁富　黄　瑜　温远鹤

　　　　李　杰

编者的话

　　华龄出版社组织策划的《秋叶静美》生死学丛书涉及死亡认知、临终尊严、老年失智、生前预嘱、殡葬习俗以及生命回顾与追忆散文选编六个主题，这是国内第一套系统的生死学丛书，既体现着客观生命进程的内在必然，也体现着人们生命认知的主观需要。

　　生命既是一列没有返程票的列车，每个生命都有自己的终点站；生命也是一条川流不息的河流，每个人都会投向海洋的怀抱。如此看来，生命的旅程自是风光无限，出生是踏上这一列观光之旅，离别则是另一场旅程的开启。生是自然，死亦是自然。

　　长期以来，人们对生命的认知与感悟似乎只是悦纳生而畏惧死，且重生而轻死，所谓："靡不有初，鲜克有终。"不过，这种情况正在发生改变。随着国人对生命进程从"求取生存"到追求"生活质量"，再到追求"生命质量"的客观发展，人们对生死的认识与态度也在发生变化。尤其是中国社会进入老龄化时代之后，伴随而来的，除了一系列社会问题，更有深层次的思想认识问题需要解决，比如说：什么是死、如何面对自己的临终、如何处理逝者的后事……这些问题往往事关生者与死者、个体与社会关系的方方面面，可谓"牵一而发动全身"，而要解决这些问题，其前提就是向大众普及死亡教育、培养死亡自觉。

　　《直面与超越》引导读者思考什么是死亡？如何看待死亡恐惧？如何以科学之眼透视死亡？在死亡面前，人类是否可以通过不同途径超越死亡？读过本书，相信会带给读者以更多启发；《生命与尊严》对什么是临终尊严？什么是安宁疗护？以及临终尊严如何维护进行了较通俗而严谨的分析，旨在引导读者在面临"救治还是放弃"困境时如何作出正确的选择；《遗忘与难忘》针对失智与失能现象日益严重的问题，对什么是失智？如何认识失智？如何陪伴与照护失智症患者等问题进行较通俗的解答，引导读者面对"熟悉"的陌生人进行有效的陪伴，让爱同行；《准备与道别》则重在解答如何有准备地迎接死亡的问题，明确告诉读者：我们是可以通过生前预嘱、预立遗嘱以及培养良好的疾病观念，给予家人的陪伴与爱等，最后以"四道人生"实现生命的完美谢幕；《旧俗与新风》则面对如何安排亲人的后事，如何达到生死两安等问题，通过系统考察殡葬礼俗的概念及由来，以及殡葬的未来发展趋势，对我们如何做到"生死两安"作出了明确的解答；《回望与追忆》收集了古今中外多篇关于生命的回顾以及亲友的回忆散文，并做了深刻而清晰的导读，引导读者从这些优美的文字中吸取我们应对生离死别的生命智慧，从而坦然面对生死，优化自我生命。

本丛书分6个主题，且相互关联又各自成书，每一个主题都得以充分展开，从总体上呈现出丰富性与系统性；同时，丛书主题之间从一般认知到面对自己的临终，再到理性规划自己的死亡，有清晰的内在逻辑，从而使得整体内容连贯而完整。

认识死亡才能真正拥抱生命，也只有这样，才能抵达优雅尊严的人生终点站。丛书所倡导的豁达、平和而理性的生死观，必将对读者大众产生良好的启蒙作用。作为国内第一套系统介绍死亡的丛书，其所产生的社会效益值得期待。

目录
Contents

序言
为了"优雅而生，悠然而逝"

听惯了"人在江湖身不由己"，见惯了"人在屋檐下不得不低头"，习惯了"事不关己高高挂起"。但是，并不因此而感到幸福；反而，总感觉自己仿佛失去了生命中最为重要的东西，思来想去，找不到北。此书写完才感觉到：或许就是"尊严"吧。据说，我们的"幸福指数"并不高；后来，在"死亡质量"排名上更是远落人后。不由得发人深思，以吃苦耐劳、克勤克俭著称的国人到底功夫下在了何处？是否真的生活品质并不高，连死亡质量也无法保证。这么多人，一辈子都白活了么？

严格说来，指数排名无法给出我们确凿的答案，但是，统计数据却可以给我们反省的理由：无论贫富，是否可以优雅而生？无论贵贱，是否可以悠然而逝？除了家庭背景、教育机缘、职业分途、工作机遇之外，有没有人，仅仅是作为人，值得共同追求进而坚守的东西？思来想去，在种种难以弥合的差距之外，大约只有"尊严"才是人性的底线。无论富贵、无论贫贱，只要不是自暴自弃，"尊严"大概是别人无法夺去的。可以遭受不公，可以忍受病痛，但是依然可以有尊严的"活着"；可以面对生命终端，可以迎接莫名挑战，但是依然可以带着尊严"离开"。

唯有珍视"尊严",生命方有"幸福"可言;也唯有坚守"尊严",死亡方有"品质"可言。因此本书围绕"秋叶静美"生死学丛书主题,探究"生命与尊严"奥义。其实无论是"生"还是"死",都是极其复杂、艰辛的事业,生命是一个道场,是一种历练。通过人生的道场历练,无论追求"夏花绚烂",还是追求"秋叶静美"都是一种人性光芒的展现,在此光芒中建构人性尊严。

由于本丛书有分别的论题设定,第一本谈"死亡教育",第三本谈"失智问题",第四本谈"安心告别",第五本谈"殡葬习俗",第六本谈"追忆缅怀";而本书是系列之二,侧重"临终关怀"。在具体展开上,本书分属六个章节。第一章对于学界的生死问题研究有所梳理和评论,在此基础上凸显本书的研究推进和"尊严"主题。第二章则从"生命尊严"的文化心理依据入手予以溯源和比较,由此而切入"临终关怀"及"安宁疗护"中的尊严问题。第三章则对"安宁疗护"中的"尊严缺失"问题予以分析并提出尊严建构的四个维度。第四章和第五章分别从伦理层面和医疗层面予以展开以论证"临终前的尊严维护"问题。第六章则回归主题,即便面对"死亡",生命的尊严依然是可能的,通过"向死而生",生命的尊严和意义得以自觉建构。

需要说明的是:

第一,"生命与尊严"的主题并不限于"临终关怀"阶段。这是本书所反复申明的,即便在"临终关怀"阶段,"尊严"主题也不仅仅是患者本人的事,而是涉及亲友家属、医护人员等的共业。"尊严"是人之事,而非某人之事。不过,由于本丛书各有分工,因此本书依照原有撰写计划,侧重"临终关怀"阶段的"生命尊严主题",所以有上述章节安排。

第二,"生命与尊严"的主题当放入"生命源头"与"文化源头"这一格局中来理解。不同的文明起源背景,对于天地人之生成有着不同的诠释,因此对于"生命尊严"之界定也是不同的。所以,本书有涉及天地人生成以及文明起源的比较,由此方可见"生命尊严"的文化根基。

而且，在对比参照中方可有"生命尊严"的自觉建构和彼此丰富。

第三，"生命尊严"的问题最终涉及"我们是谁"的问题。不仅关乎过去——"我们从哪里来？"而且指向未来——"我们向何处去？"因此，此主题属于跨学科的研究主题。限于笔者学力以及尽可能遵守原有撰写规划，本书更多侧重生命伦理学视角。但是，不得不说，生命尊严不仅仅是个伦理问题，更涉及社会学、经济学、政治学、宗教学等多重问题域，尤其是信仰与尊严的深度关联。换句话说，仅仅从伦理视角是无法实现"生命尊严"的，但是伦理视角可以帮助我们明晰问题的所在。

第四，生命尊严的问题可以归结为"以智慧践行爱"。无论是对临终患者的陪护还是人伦日常的交往，仅仅依靠经验智慧是不够的，还要有某种自觉的"智慧汲取"，这就包括对相关领域知识的自觉学习（读书、听讲座、咨询专家等）。否则，仅仅有"爱"是不够的。很多时候，以爱之名，往往造成更大的伤害，那是一种双重的痛苦。

本丛书的发行便是一种尝试，关于生死问题（包括"死亡教育""临终关怀""失智问题""安心告别""殡葬习俗""追忆缅怀"）提供一种基于专业研究而又能雅俗共赏的作品，供大家分享。然而，限于笔者学力，就本书"生命与尊严"主题而言，尚有种种不足，敬请读者多多批评。

在文末，请允许我感谢本丛书主编胡宜安教授的信任与邀约。据说本丛书出版多有挫折，后来由胡教授担纲主编之后，诸位丛书作者作为多年来持续合作互动的生死学同人，一方面是基于专业兴趣，另一方面也是基于某种使命，是想尽力写好本丛书以对人们的生命文化事业贡献绵薄之力的。不过，就本书而言，尚多有不足，责任在我；但是，对于主编之邀约则特致谢忱；对于生死学界的同人亦表感谢，感谢他们的成果分享，本书有所引用。另外，对于本丛书的责任编辑魏鸿鸣先生则同表谢意，感谢他对书稿的细致编校与耐心等待。

最后，感谢我的母亲、太太和两个孩子，他们对本书的支持与贡献是毋庸置疑的，但却难以言表。本书献给那些经历种种生命之痛而依然坚守人性底线的人。

　　活着，抑或离去，无论如何，都别忘了，人之为人，不能没有"尊严"……

第一章

生死学研究的不同理路及
本书的问题意识

一、生死问题的现代凸显

我们常常引用苏格拉底所说的"未经审视的人生不值得过",但是,事实上大多情况下,任何一种人生无论是否自觉去"审视"都会照样过下去。中国有一句俗语叫"好死不如赖活着"。人生的残酷性正在于此,即便我们感到空虚、无聊,甚至自己感觉人生"不值得过",但是,对于大部分人而言,还是要"活着";这是一种"生"的无奈,也是一种对"生"的迷恋,说不清道不明的"迷恋"。研究生死问题的知名学者波伊曼在《生与死:现代道德困境的挑战》中提到一则笑话:

> 我经常在我的哲学课堂上问学生:"你们有多少人相信死后有来生?"通常百分之九十九的人举手,尤其是在我教书的诺特丹大学和密西西比大学。我又问他们:"有多少人(和虔诚的犹太教和基督教信徒一样)相信你们死后会上天堂?"大约有同样数目的人会举手。
>
> 然后我问:"有多少人相信天堂里有无限的幸福,而不像这个腐败的世间?"所有的手都举起来了。
>
> "有多少人愿意现在就去这个美妙的地方?"我问。这通常没有人会举手。①

与其说这是一则笑话,毋宁说是一种真实的人生表达。但是,问题

---

① 〔美〕波伊曼.生与死——现代道德困境的挑战〔M〕.江丽美译.广州:广州出版社,1998:45.

就在于，生的"迷恋"永远无法回避一个事实——"凡人皆有死"。正是"死"的不可抗拒性，让我们看到"生"的有限与审视人生的必要。

从出生到死亡构成了一个完满的人生历程。在过去，"出生"与"死亡"似乎没有太多的方式选择，甚至在很长一段时间内，"出生"都是极为简单的；但是，步入现代社会后，随着医疗科技手段的改进，"生"与"死"的方式都变得令人不可思议。而生物科技使人们对于生命有着更多的了解，这也意味着人们便有更多的选择权，不仅性别可以选择、干预，而且可以做试管婴儿、找代孕母亲，或许有一天我们还要面临和"克隆人"共存的问题，等等。那么由此产生新的伦理问题：父母的角色如何确定？父母子女的伦常关系如何规范？"克隆人"与正常人如何相处共存？现代医疗科技的发达，植物人可以数十年维持"生命"，器官移植变得比较普遍，安乐死不再是技术难题；但是，伦理难题又出现了：是否可以允许安乐死？自杀是否是对于伦理律令的侵犯？器官移植的次序与选择如何确定等——伴随着医疗技术的成熟出现的却是法律和伦理问题的新考验。

伦理学不仅要关注其基本理论问题，更需要回应现代科技给人类生活带来的问题。伦理学不仅是一种由上而下"教化"的手段，更多是一种人伦日常中审视人生的"智慧"。任何时代，无论科技多么发达，只要人活着，都是一种伦理的存在。人的出生决定了种种伦理关系的产生，而个体的"去世"却并不代表伦理问题的结束，因为此种与在世者的"伦理关系"依然存在，正是此种伦理关系构成了任何个体"审视人生"的先决条件。从这个意义上来讲，"审视人生"不仅是寻求个人幸福的手段，更是对伦理相关者的责任；"审视人生"不仅是一种生活智慧，更是一种伦理义务。伦理学要回到生活的源头活水，起点与终点就是要重新审视生死问题。

二、生死问题研究的不同理路

"生"与"死",作为一种人生现象始终与人类共始终,对于个体来讲,自觉不自觉都在经历着"生死"历程。伴随着这种现象的不断重复,人们逐渐开始思考这种现象的意义。生死观成为哲学思考的重要问题,这一问题与哲学史相始终。以西方哲学史为例,据段德智教授的研究,其死亡哲学自古希腊到现代,俨然可以独立成系统,而且他也确实写了一部《西方死亡哲学史》;对于中国也是这样,就先秦早期文献来看,生死观虽然不是重点,但是关于生死问题确实绵延至今自成一系。虽然如此,作为一个独立的研究领域,则是晚近的事。综观学界对生死问题的研究,大概有如下特点。第一,生死问题作为一门学科来研究,比如说现在的"死亡哲学""生死哲学""生死学""死亡教育""生死教育""生死智慧"等种种说法都是近些年来才出现的。第二,关于"生死问题"表述的歧义与混乱,比如"死亡学"与"生死学"和"生命教育",有许多概念内容上的重叠,但是中国学者在将西方的"死亡学"引进汉语思想界的时候加入了"生命"的维度,而且逐渐走向了"生死教育"领域。

下面我们将对学界的研究方向及理论成果予以梳理。

(一)死亡哲学或生死观研究

对于中国大陆学界来讲,关于生死问题的探讨比较侧重于"死亡哲学"和"生死教育"。比如武汉大学段德智教授所做的是"死亡哲学",而郑晓江教授的研究所侧重的是"生死教育"(主要是一种生死智慧的宣扬)。首先我们看段德智教授的《死亡哲学》,本书1991年出版[①],他自

---

① 段德智.死亡哲学[M].武汉:湖北人民出版社,1991.

己的定位是"死而上学"。据其导师陈修斋先生称，段德智教授于1989-1990年在武汉大学哲学系开"死亡哲学"选修课，"似乎还是破天荒第一遭的事"①。这部书出版后好评如潮，获奖多次，1996年修订再版；台北洪叶版则于1994年出版②。

但是，本书的探讨则基本上属于对"西方死亡哲学史"的梳理。而且，作者承认对于"死亡"问题可以有宗教学、生物学、医学、心理学、伦理学的讨论，"但是，死亡哲学作为哲学的一个分支，却既明显地有别于这些具体科学或精确科学，也明显地有别于罗斯维尔·帕克所开创的'死亡学'（thanatology）。例如，它并不具体地讨论'临床死亡''死亡的绝对体征'（如尸冷、尸僵和尸斑）、对垂危患者的高质量护理、安乐死的具体措施、植物人的死亡权利、死亡时间的确定、器官移植技术和器官遗赠道德、死刑的废除、死刑毒气室、死亡率和死亡税以及核威胁与核讹诈、核污染和核扩散等问题，它甚至也不从社会心理学的角度来讨论'我的死'和'你的死'、'部分死亡'和'整体灭绝'以及伊丽莎白·库布勒-罗斯'死亡过程理论'等具体问题。死亡哲学作为哲学的一个分支，是对于死亡的哲学思考，它虽然也以人的死亡为研究对象，虽然也十分关注与人的死亡有着密切联系的种种自然现象和社会现象，但却旨在凭借哲学概念或哲学范畴对这些事实或现象进行总体的、全方位的、形而上学的考察。换言之，它是以理论思维形式表现出来的关于死亡的'形而上学'，或曰'死而上学'。因此，在死亡哲学里，我们讨论的是死亡的必然性与偶然性（亦即死亡的不可避免性与可避免性）、死亡的终极性与非终极性（亦即领会的可毁灭性与不可毁灭性）、人生的有限性与无限性（亦即'死则腐骨'与'死而不朽'）、死亡和永生的个体性与群体性、死亡的必然性与人生的自由（如'向死而在'与'向死的自由'）、生死的排拒与融会诸如此类有关死亡的形而上的问题。而且，也正因为它同研究死亡的各门精确科学或具体科学有这样一层区别，它才获

① 段德智.死亡哲学［M］.台北：洪叶文化有限公司，1994.
② 段德智.西方死亡哲学［M］.北京：北京大学出版社，2006.

得了一种独有的超越地位，既有别于宗教神学和文学艺术，又对一切有关死亡的形而下的研究有一种普遍的统摄作用和不可抗拒的指导力量。"①

这一段话比较典型地反映了"死亡哲学"的问题意识，段德智教授不仅沿此思路认为"死亡哲学是一种形而上学"，而且还是"一种世界观和本体论"②；在具体的论述上，他基本上沿用了西方哲学史的写法，分为"古希腊罗马死亡哲学、中世纪死亡哲学、近代西方死亡哲学、现代西方死亡哲学"，只不过它们隶属于"死亡的诧异、死亡的渴望、死亡的漠视、死亡的直面"等不同阶段③。这是一种有趣的分法，书后附录的"西方死亡哲学名言荟萃"倒是很好的可以参考的文献资料。

段德智教授的"死亡哲学"带有西方哲学史的背景，在2006年他出版了《西方死亡哲学》一书，就问题探讨方式来看，其思路主要归属于依据哲学史的"死亡哲学"探讨。在中国大陆学界，关于"死亡哲学"的探讨更多依据中国儒释道哲学智慧而慢慢走向一种"生死智慧""善死与善终"。而由"穿透死亡"而"感悟生死""学会生死"的"生死教育"思路则首推大陆的郑晓江教授④，他对"死亡观"的梳理近似于段德智教授"死亡哲学"的思路；但是，郑晓江教授的着眼点不在哲学，而是试图基于传统生死智慧给予现代人一种认识死亡、平静看待死亡，从而珍惜人生、善待生命的引导。他通过"生死互渗"原理、"三重生命"原理来化解人们对"死"的恐惧心理，试图达到一种"善生优逝"的现代生死智慧。

不得不说，数十年来郑晓江先生的此种努力与耕耘对于中国大陆学

---

① 段德智.西方死亡哲学［M］.北京：北京大学出版社，2006：7-8.
② 段德智.西方死亡哲学［M］.北京：北京大学出版社，2006：11.
③ 段德智.西方死亡哲学［M］.北京：北京大学出版社，2006：35.
④ 我们以他的书名为例：郑晓江.生命与死亡——中国生死智慧［M］.北京：北京大学出版社，2011；郑晓江.中国生死智慧［M］.南昌：江西人民出版社，2013；郑晓江.生命教育演讲录［M］.南昌：江西人民出版社，2008；郑晓江.穿透死亡［M］.南昌：江西教育出版社，2000.郑晓江.学会生死［M］.郑州：中州古籍出版社，2007；郑晓江.感悟生死［M］.郑州：中州古籍出版社，2007；郑晓江.生命忧思录：青少年生命教育刻不容缓［M］.福州：福建教育出版社，2011。以上只是部分举例。

界的生死教育与当代中国人的生死观建构功不可没。但是，他对于中国人生死智慧的建构以及对于今人树立健康的生死观依然是首屈一指的人物。段德智教授的研究侧重于形而上学，郑晓江先生的努力则是生命教育，有着更多的受众和现实的影响。除此以外，郑晓江教授关于生死问题的研究与我国台湾地区学者有着较好的互动，他是比较早就应邀赴台湾地区讲生死问题的大陆学者，他的著作与思想在台湾地区也有着广泛的影响（虽然说台湾地区生死学的理论更多来自西学引进）。台湾地区学者钮则诚教授在《生死学》中提到他时说"大陆哲学学者郑晓江，是少数长期有系统探讨中国生死哲学有所成就者"。[①]中国大陆学界关于生死问题的研究有两种取向——死亡哲学与生死教育。下面我们看一下我国台湾学界关于生死问题的研究。

（二）生死学研究

台湾地区的生死问题研究有着持续不断的西学交流互动，尽管段德智教授的《死亡哲学》主要依据西方哲学史资源，但是那主要是一种现代中国学者所写的"西方死亡哲学史"，与现代西方生死学几乎没有关联；郑晓江教授的思想资源主要依据传统儒释道精神，即便他逐渐走向"生死教育"也基本不同于西方"死亡学"理论框架下的"死亡教育"，比如说对"悲伤辅导""安宁疗护"等问题的关注与讨论。所以说中国大陆学界的生死问题研究大多属于一种古典式的生死观探讨，对于现代的诸多生死课题尤其是生物医学科技带来的新问题则较少回应。但是，这并不是说没有，邱仁宗的《生命伦理学》便是较早探讨这些问题的大陆学者，而且此书具有里程碑意义，思考的问题是世界性的、现代性的[②]。另外沈明贤、徐宗良等对此类问题也多有关注[③]。中国大陆学界对生死问

---

① 钮则诚，等.生死学（第二版）.台北："国立"空中大学出版社，2005：6.

② 邱仁宗.生命伦理学［M］.北京：中国人民大学出版社，2012.

③ 沈铭贤.生命伦理飞入寻常百姓家——解读生命的困惑［M］.上海：上海科技教育出版社，2011；徐宗良.面对死亡——死亡伦理［M］.上海：上海科技教育出版社，2011.

题的探讨思路更多不是依据生命医学、伦理学背景而是段德智和郑晓江死亡哲学与生死智慧的进路。

与中国大陆学界不同，台湾地区的生死问题研究，不是接续西方哲学史和中国传统，他们是直接从西方新兴的"死亡学"引进的，傅伟勋教授将西方的"死亡学"略加改造，试图加进"爱"和"生"的元素进而变为中性的"生死学"，这有点"死亡教育"的倾向；而杨国枢教授则认为"死亡教育"或可改为"生死教育"①；随后钮则诚教授、尉迟淦教授等则主要沿着"生死教育"这一应用与管理维度展开研究②。简而言之，我国台湾地区学界的生死问题研究脉络基本是这样，从西方引进死亡学，进而改为生死学，落实为生死教育与管理③；而且无论是从大专院校课程还是安宁疗护机构设立，无论是悲伤辅导还是殡葬礼仪，加之他们与西方学术互动的便捷与频繁，推广之快、努力之多，许多方面都走在了中国大陆前列。这与中国大陆侧重于"生死观"进而走向"生死教育"是不同的。同样也可以看出，台湾地区学界引进西方"死亡学"的本土化努力，考虑到中国人讳言"死"的传统，"死亡学"加进"爱"和"生"是必要的。但是，"死亡学"变为"生死学"进而变为"生死教育"，其实已经与"死亡学"距离很远了。

下面我们做一简单的梳理，何为"死亡学""生死学"与"生死教育"，其侧重点有何不同，又有着何种演进。

"死亡学"与"生死学"。"死亡学"（thanatology）源自古希腊thanatos一词，通常被界定为"死亡的学问"。"死亡学"一词最早由出生在俄国的法国动物学及细菌学家爱列梅其尼可夫（Elie Metchnikoff，

① 傅伟勋.死亡的尊严与生命的尊严——从临终精神医学到现代生死学［M］.台北：正中书局，1993.

② 参见钮则诚，等.生死学（第二版）［M］.台北："国立"空中大学出版社，2005；钮则诚.殡葬与生死［M］.台北："国立"空中大学出版社，2007；尉迟淦.生死学概论［M］.台北：五南图书出版公司，2000.

③ 台湾学界也有关于死亡哲学的讨论，但基本是西方死亡学的思路，比如冯沪祥.中西生死哲学［M］.台北：学生书局，2005；这部书更多是对西方"死亡学"专著的讨论。

1845-1916）于1903年提出；美国纽约水牛城大学外科医学教授罗威·柏克（Roswell Park）于1912年在美国医学协会期刊中，开始介绍"死亡学"的概念。Kastenbaum在他编著的《死亡百科全书》中指出，"死亡学"是"研究与死亡相关的行为、思想、情感及现象的学科"。"死亡学"是采用科技合作的观点，从不同的角度探讨与死亡相关的现象与行为，如"死亡的原因""生命及与死亡的意义""临终者的内在经验""丧亲者的悲伤过程""丧葬及哀悼的社会风俗""生命权伦理难题之抉择""临终病人及家属的照顾及服务"（包括缓和治疗及安宁照顾）"不同宗教信仰的生死观""死亡教育的实施"等主题。[①]

而对于死亡学具有标志性的专著则要推Herman Feifel于1959年出版的The Meaning of Death[②]，其基本可作为"区别近代死亡与濒死学问的分水岭"，[③]在此之前的1956年有关于死亡的专题讨论，而本书正是结合了各式各样的学术观点，围绕死亡的理论假设（the oretical approaches）、文化上的观点（cultural studies）、死亡的真实情景（clinical insight）而架构成一本关于死亡经验的著作。随后关于死亡学的研究大量出现，比如1959年Cicely Saunders出版的《照护濒死者》（Care of the Dying），1961年C. S. Lewis出版《关注丧亲悲伤》（A Grief Observed），而1969年Elisabeth Kubler Ross出版了《死亡和濒死》（On Death and Dying），此书则极为畅销，成为经典之作。

随后关于死亡与濒死的书籍如同雨后春笋，而关于这方面的杂志就有数种，比如Journal of Death and Dying、Death Studies、Journal of Personal and Interpersonal Loss、Loss、Mortality Illness等。[④]这些基本

---

① Charles A. Corr，Clyde M. Nabe, Donna M. Corr. 当代生死学［M］.杨淑智译，丁宥允校.台北：洪叶文化有限公司，2004.

② Herman Feifel. The Meaning of Death［M］. New York: McGraw-Hill. 1959.

③ Lynne Ann Despelder, Albert Lee Strick land. 死亡教育［M］.黄雅文，等译.台北：五南图书出版公司，2006.

④ Lynne Ann Despelder, Albert Lee Strick land. 死亡教育［M］.黄雅文，等译.台北：五南图书出版公司，2006：36.

构成"死亡学"的主题，自然关于死亡教育也蕴含其中，比如悲伤辅导、安宁照护等，但主要是围绕"死亡"问题展开的研究，其中很大一部分在讨论 Dying 和 Life after life 的问题。[①]这些主题正如段德智教授所谈的与死亡哲学的不同处"明显地有别于罗斯维尔·帕克所开创的'死亡学'（thanatology）。例如，它并不具体地讨论'临床死亡'、'死亡的绝对体征'（如尸冷、尸僵和尸斑）、对垂危患者的高质量护理、安乐死的具体措施、植物人的死亡权利、死亡时间的确定、器官移植技术和器官遗赠道德、死刑的废除、死刑毒气室、死亡率和死亡税以及核威胁与核讹诈、核污染和核扩散等问题，它甚至也不从社会心理学的角度来讨论'我的死'和'你的死'、'部分死亡'和'整体灭绝'以及伊丽莎白·库布勒–罗斯死亡过程理论等具体问题"。[②]

下面我们看一下"生死学"的界定。

"生死学"（Life-and-Death Studies）由傅伟勋教授于 1993 年提出。傅伟勋教授对于台湾地区的生死学研究有着开创性的影响：一方面他对西方的"死亡学"非常熟悉；另一方面他对于现代以来的生命医学伦理问题有着较敏锐的把握，他是自觉的将原有的"死亡学"称之为"生死学"的，有某种重建意义。他在《死亡的尊严与生命的尊严》一书序言中谈到：

> 本书的一个特色是在，从科学整合的宏观角度把"死亡学"联贯到精神医学、精神治疗、哲学、宗教学乃至一般科学（如心理学与文化人类学），以便提示"死亡学"研究的现代意义。本书的另一

---

① 比如 Brian L. Weiss, M.D. Many Lives, Many Masters［M］. New York: Simon&Schuster Inc, 1988; Nobert Elias. The Loneliness of Dying［M］. New York: The Continuum International Publishing Group Inc,2001; Moody, Raymond. Life After Life［M］. San Francisco: Harper One, 2001.汉译版则可参考：〔美〕穆迪.生命不息［M］.林宏涛译.北京：世界图书出版公司，2013；〔美〕魏斯.前世今生［M］.谭智华译.北京：光明日报出版社，2011；〔美〕罗斯.生命之轮：生与死的回忆录［M］.重庆：重庆出版社，2013.

② 段德智.西方死亡哲学［M］.北京：北京大学出版社，2006：7–8.

特色是在，我从美国现有的"死亡学"研究成果，再进一步配合中国心性体认本位的生死智慧，演发一种我所说的"现代生死学"，且根据"生死是一体两面"的基本看法，把死亡问题扩充为"生死问题"，即死亡的尊严与生命的尊严息息相关的双重问题，如此探讨现代人的死亡问题的精神超越，以及生死的终极意义。这是我所以稍改原先书名（《死亡的尊严——现代人的死亡问题及其精神超越》），定为《死亡的尊严与生命的尊严——从临终精神医学到现代生死学》的主要理由。[1]

由此我们基本可以看出台湾地区"生死学"的来源以及产生过程，此种思路基本主导了台湾地区近20年来生死学的发展脉络，后续者如杨国枢教授、余德慧教授、吴庶深教授、钮则诚教授、尉迟淦教授等，基本是接续傅伟勋教授的思路运行的，只是后者更加侧重"生死学"的实务运用与管理，比如殡葬礼仪（尤其是钮则诚教授和尉迟淦教授）等具体落实。这很可以看出台湾地区学界对于西方学问本土化的努力，如上面我们看到的"死亡学"之命名正在于其问题域就是以"死亡"为中心的，但是考虑到华人思想传统中避讳言"死"的心理，傅伟勋教授则加入了"生"。学者吴庶深对此有着明确的自觉，"无论是'生死学'或'死亡学'，都是以生命关怀为出发，因此这两个名词的概念是可以相通的。然而在国际学术交流的研讨会中'死亡学'一词已被普遍接受并使用。反观我们国内因受文化、习俗等因素之影响，谈论'死亡'一直被视为一个社会禁忌，因此用'生死学'代替'死亡学'可能较易被国人所接受，因为'生'的喜悦可冲淡'死'所带来的恐惧"。[2]这里我们也可以看到大陆学者郑晓江教授所用"生死智慧""善始善终"等词汇的良苦用心。

① 傅伟勋.死亡的尊严与生命的尊严——从临终精神医学到现代生死学［M］.台北：正中书局，1993：序言20-21.
② 林绮云.生死学［M］.台北：洪叶文化有限公司，2000.

同样的思路，傅伟勋教授还提到"以'爱'的表现贯穿'生'与'死'的生死学探索，即从'死亡学'（亦即狭义的生死学）转到'生命学'，面对死的挑战，重新肯定每一单独实存的生命尊严与价值意义，而以'爱'的教育帮助每一单独实存建立健全有益的生死观与生死智慧"。①在这里我们可以看出中国大陆与台湾地区学者的"殊途同归"，郑晓江教授的研究基本没有"死亡学"和"生物医学"的背景，但是他的研究直接导向"生死智慧"；而傅伟勋教授在美国多年，在天普大学任教数年，有着良好的西学背景，但是他对"死亡学"的引进却有意地改造了，加入了"生"与"爱"的元素，由此而来的"生死学"更多是"生命学"和"生死智慧"。死亡的本质与濒死经验都不是他们的主题，如何平静地看待死亡，珍惜生命才是他们生死智慧的旨归。这都由"生死学"的探讨走向了"死亡教育"和"生命教育"。

（三）生死教育研究

死亡教育与生命教育。傅伟勋教授《死亡的尊严与生命的尊严》一书不仅引发了台湾地区学界对于"生死学"的关注，而且他也将美国的"死亡教育"引入台湾②，这逐渐打破了中国人忌讳言"死"，并逐渐形成在学校开设"生死学"与"死亡教育"③等课程的局面。而"死亡教育"的具体内容，基本依然是借鉴美国等"死亡教育"的现有课题与经验，主要包括：

第一，提供学习和死亡与濒死有关的事实，使学习者获得正确知识与讯息；第二，认识死亡和文化的关系，并了解对不同文化

---

① 傅伟勋. 论人文社会科学的科际整合探索理念及理路［J］. 佛光学刊. 1996（1）：126.

② 其实就我国台湾学界而言，关于死亡教育的著作在傅伟勋之前即有出版，比如黄天中. 死亡教育概论Ⅰ——死亡态度及临终关怀研究［M］. 台北：业强出版社，1991；黄天中. 死亡教育概论Ⅱ——死亡教育课程设计研究. 台北：业强出版社，1992。但是，其影响远远无法与傅伟勋的著作相比。

③ 张淑美. 死亡学与死亡教育［M］. 高雄：复文书局，1996.

的人而言，死亡是不同的事情；第三，了解有关死亡系统（death system）的人员角色及该系统的运作情形（包括医疗服务、丧葬仪式及费用……等的资讯）；第四，协助获得有关死亡与濒死的历程、哀伤、丧亲等资讯；第五，了解与死亡相关的特殊议题，如安乐死、堕胎、自杀、死刑……等议题的伦理思考。[①]

但是，在中国谈"死"是为了"善生"，所以"生死学"很容易走向"生死教育"；[②] 渐渐地"死亡教育"又演绎成了"生命教育"的范围，[③] 因此"生命教育"便蕴含更为丰富的内容。准确地说，随着"名词"心理调适的演进，我们的用语变得比较混杂，"死亡学"和"死亡教育"本来以"死亡"为中心却被过多引向了"生命关爱"，由于对"生命关爱"的凸显反而淡化了"死亡教育"原有的职能。

比如，钮则诚教授谈到，"把死亡学运用到人的生活上，需要把死亡教育扩充为生命教育，即令死亡历程和人生历程相互通透，使之彼此辉映。科学家认为死亡与临终乃是一项可以进行科学研究的'事实'，但是这项事实的当事人却终其一生在从事'价值'判断与抉择。基于'知德合一'的理念，我建议死亡学者在对于死亡的科学研究中，吸纳人文关怀的主题和方法。我心目中经过扩充的生命教育，即是在人本精神观照下，对包含死亡在内的生命议题进行教学与研究。"[④]

但是，生命教育却有着其较为确定的界限，其近似的概念则是"通识教育"（general education）、"博雅教育"（liberal education）、"全人教育"（holistic education）相关，[⑤] 其产生的背景之一是"知识与生活整合

---

① 尉迟淦.生死学概论［M］.台北：五南图书出版公司，2000：67

② 傅伟勋.死亡的尊严与生命的尊严——从临终精神医学到现代生死学［M］.台北：正中书局，1993.杨国枢教授在序言中就谈到应当由"死亡教育"改为"生死教育"较为妥当。

③ 值得留意的是 Robert Katstenbaum 也认为"将死亡学界定为'生命的学问'更为贴切"，见 Lynne Ann Despelder, Albert Lee Strick land.死亡教育［M］.黄雅文，等译.台北：五南图书出版公司，2006：34.

④ 钮则诚.殡葬与生死［M］.台北："国立"空中大学出版社，2007：60.

⑤ 陈德光.生命教育与劝人教育［M］.台北：幼狮文化股份有限公司，2010：13.

的智慧教育"，避免人过多地注重知识、技术而忽视生命自身的价值。较早的"生命教育"比如1979年澳大利亚设立"生命教育中心"，以防止暴力、毒品和艾滋病蔓延等；英国的生命教育则富于宗教教育色彩，美国的生命教育则与社区教育相结合。这些都不是直接以"死亡"为中心的教育理念；而有些生命教育则是对孩子整全生命的引导。① 再比如说陈德光教授对生命教育的建构即是从"个体生命""整全生命""感通生命"三个方面展开，② 这些与上面死亡教育的主题基本不在同一个领域。但是，就台湾地区实际的教育实践层面来讲，"生命教育"逐渐变得广义和开放，钮则诚教授说"目前台湾地区的生命教育至少有七种取向：伦理教育、宗教教育、生死教育、健康教育、生涯教育、性别教育、环境教育"。③ 这基本已经走向应用和教育实践，与学术界关于"生死问题"的探讨不在同一语境了。

总括上面，我们可以看到国内外学界关于"生死问题"的研究有两条线索，第一是大陆学者段德智与郑晓江分别基于西方哲学史和中国儒释道精神所做的关于"西方死亡哲学"和"中国生死智慧"的进路。第二是起源于美国的"死亡学"传统，主要以"死亡"为中心，讨论"死亡""濒死"等问题，进而演进为"死亡教育"理路，引导人们关注"悲伤辅导""安宁疗护"等议题；傅伟勋教授接续此"死亡学"传统将其创造性的引向台湾地区学界，这便是"生死学"学科的确立；由此台湾地区的"生死学"研究逐渐凸显"生命关爱"的层面。所以在"名词"上也多有本土化调适，基于"死亡学"的"死亡教育"，被称为"生死教育"，逐渐被纳入"生命教育"的范围。而中国大陆学者基本延续郑晓江教授的思路，基于传统儒释道思想资源的生死智慧，引导今人"善生优逝"；对于现代"死亡学"而来的"悲伤辅导""安宁疗护""安乐死"等

---

① 华特士（J. Donald Walters）. 生命教育：与孩子一同迎向人生的挑战（Education for life—Preparing Children to Meet Challenges）［M］. 林莺译. 台北：张老师文化出版社，1999.

② 陈德光. 生命教育与为人教育［M］. 台北：幼狮文化股份有限公司，2010：46.

③ 钮则诚. 殡葬与生死［M］. 台北："国立"空中大学出版社，2007：61.

等议题少有讨论。中国大陆学界关于"安乐死""自杀""克隆人""器官移植"等问题讨论基本被纳入邱仁宗所引介的"生命伦理学"或者说"生命医学伦理学"中。中国大陆和台湾地区学者虽然对于生死问题探索有着不同的线索、起源和进路；但是，殊途同归，都最终指向了"生死智慧"，通过对"死亡"的体认逐渐达到理性地看待"死亡"并更加珍惜"生命"的意义。

三、对生死问题研究路径反思与"生命尊严"之寻求

（一）对生死问题现有研究路径之反思

其一，"死亡教育"或"生命教育"无法回应现代医学科技带来的伦理学挑战。"死亡学"以及而来的"死亡教育"更多是一种"生命教育"。但是，对于现代以来的种种"生死问题"所提出的对人类伦理原则的新挑战则少有回应。而且，"生死学"更多是关注以"死亡"为中心的问题，对于"生"基本少有关注。但是，在现代社会，"生"的方式已经发生了很大变化，比如说"试管婴儿""代孕母亲"以及逐渐严重的"堕胎"现象，同样值得关注。而对于"死"，固然"生死学"提供了较丰富的资源，但是对于"自杀""安乐死""器官移植""遗体捐赠"等新问题都不是仅仅通过教育层面可以解决的问题，尤其是新的"生死"方式使原有的伦理道德遭遇了前所未有的挑战。

其二，"生命伦理学"更多侧重医学科技相关问题的分析而缺乏伦理学视角。比较相关的"生命伦理学"或"生物医学伦理学"界对这些问题确实有着较为广泛的讨论。但是，他们的侧重点则往往集中在"生物

医学"与"生物科技"所带来的种种技术讨论、法律争议，①以独立的伦理学视角去回应这些现代挑战，还显得不足。再比如"克隆人"问题，在医学科技的逐渐进步中，或许不再是个技术难题。假设"克隆人"也会被教导得遵法守纪，也不会有法律问题。但是，作为一个"人"，如何看待"他"？如何界定"他"与其他人的关系？如何界定"他"与克隆母体的关系？这些问题都是伦理问题，也需要从伦理学角度给予研究。

其三，现代以来标榜的"自由""人权"基本成为一种新的"金科玉律"，但是，人有没有"堕胎"的权利？"自杀"是不是一种"人权"？这些不仅仅是一项法律争议，因为这些法律很难干涉到或者说通过技术细节的处理，许多行为可以逍遥法外。但是，是不是"应该"？这又是个伦理问题；比如说"安乐死"，医生为避免被起诉，完全可以引导病人通过"安乐死机器"自助"安乐死"，法律没有办法追究。但是，在伦理上是否"应该"，这是我们需要追问的。人和人的伦理关系，随着现代科技的细化而变得更为焦灼，表面上是疏远了，实际上，人与人的伦理关系是更紧密了。人与人之间应该如何？面临现代的种种科技医疗手段，人生还有没有意义？人是否还有追求幸福的可能？显然，这些都是伦理学所无法回避的问题。

（二）本书的主题预设及术语选择

本丛书引用泰戈尔《飞鸟集》第82首"使生如夏花之绚烂，死如秋叶之静美"（郑振铎译）。其实无论是"生"还是"死"，都是极其复杂、艰辛的事业，生命是一个道场，是一种历练。"夏花绚烂""秋叶静美"只是一种自然，通过人生的道场历练，无论追求"夏花绚烂"还是追求"秋叶静美"都是一种人性光芒的展现，同时也是一种自然的回归。

由于本丛书有分别的论题设定，第一本谈"死亡教育"，第三本谈

① 邱仁宗.生命伦理学［M］.北京：中国人民大学出版社，2012.

"失智问题"，第四本谈"安心告别"，第五本谈"殡葬习俗"，第六本谈"追忆缅怀"；而本书是系列之二，侧重"临终关怀"，其实"临终关怀"部分就会涉及"死亡教育"以及对于部分重症患者的"失智问题"，自然也会涉及"临终"末期的"安心告别"问题，甚至有些朋友还会自觉的提前安排好遗嘱和殡葬方式。其他的论述主题也会涉及"临终关怀"及相关议题，所以"秋叶静美"是一个相融相涵的整体。

尽管"生"与"死"问题同样复杂、重要；但是，对于一个"新生命"，无论是家庭、社会乃至于整个国家，都有配套的医疗、教育、看护体系；而对于"生命之逝"则往往成了一种"各表心意""争议不断"的过程，问题的关键在于"婴幼儿"尚处于"意识萌芽"阶段，而"临终关怀"阶段则往往是成人，而且有些是意识清醒的，有些甚至处于"英雄末路"的悲歌情怀中，这样，他所目睹的、见证的，似乎成了人生"尊严"的污点。即便肉体生命画上了"句号"，然而"生命尊严"的句号他无法下笔，就这样带着遗憾离开，"生命的尊严"无法周全。

同样的问题在于，每个生者都有"临终期"，这就意味着：我们到了最后，也会有这样的可能。所以，这不是某些重症患者和个别家属的问题，而是大家的问题，是每一个人早晚都会面临的问题。而且，"临终关怀"的"生命尊严"尚无法做到像"义务教育"那样，让每个人都去上学；但是，"临终关怀的生命尊严"又是每人都要经历并且期待的。所以，对于"秋叶静美"的问题，本丛书由"死亡教育"而"追思缅怀"，分主题予以侧重论述。尝试在大家"讳言死"而又无法回避的问题上能有所推进并敬献绵薄之力。

本书的主题设定是"临终关怀"，重点讲述重症患者的"身心灵"照顾问题，尤其是在医疗技术手段的限度内，如何尽可能维护好当事人的"生命尊严"，这就蕴含着伦理层面的"知情权沟通问题"、医疗层面的"医患沟通问题"、护理层面的"身心灵整全呵护问题"，以及最后阶段的"心灵、身体、遗产的和解问题"。根据这样的论题侧重，在术语选择上，大家一般习惯用"临终关怀"，侧重重症患者在"临终阶段"

的重点照顾与护理；也有用"舒缓疗护"，这凸显了医疗技术手段限度内尽可能缓解当事人痛苦的期望。但是，本书宁愿选择"安宁疗护"这个术语。

第一，"临终关怀"的一个可能性漏洞在于，有些当事人——"重症患者"，在医生甚至家属眼里是"临终阶段"。但是，这样的认定，或者说反复强调，对当事人是不公平，甚至不够尊重的。因为，既然我们认可医疗技术手段的限度，认可生命的高度复杂性，那么就很难对于任何一个生命体给出一种确定的"临终判定"甚至"死亡预告"。有些被认为的"临终患者"却恢复过来而且得以健康生活，这样对其"临终判定"是失当的，尽管案例很少，但是，无法否认这样的事实。

第二，"临终关怀"这样的说法，固然可以给家属或者当事人某种心理准备，但是，也有考虑此种用于"心理暗示"的效应。我们应考虑到当事人的情境，任何用语、行为都应考虑到对其"生命尊严"的污损和伤害，包括"重症患者"，似乎只是一"医学术语"——他确实是个病人，但是，若医生、护士、家属、朋友都首先把他当成一个"病人"而不是一个"人"，总感觉是不妥当的。其实，严格来说应用"服务对象"，对于当事人而言，他是我们的服务对象，呵护对象；医护人员、家属亲友都是服务者。过去有种说法"顾客就是上帝"，其实，我们不一定非要把当事人作为"上帝"供奉着，但是，我们应至少将他视为一个"人"予以基本的尊重。医护人员固然辛苦，但是，其职责的服务性质无法改变。所以，我们尝试不用"重症患者"而用"服务对象"这一中性名词，也尝试不用"临终关怀"而用"安宁疗护"。

第三，"安宁疗护"侧重当事人主体的心灵安宁，自然无法离开"疗护"，但是，它是以当事人为中心。"临终关怀"更多是一种"死亡预告"，来自医生的宣判；"舒缓疗护"更多侧重医疗技术手段的"舒缓"效果。本书尝试提出根据内容侧重，既然到了医疗技术手段的临界，也认可生命的高度复杂，在此基础上要尽力维护当事人的"生命尊严"，那么只能以当事人为中心，而不能以"医生诊断"或"医疗手段"

为中心。

这样的话，我们才能明白"临终关怀"的真正含义——首先是当事人的事情，医护人员只是处于从属地位，处于服务地位。而且，此种疗护，更多需要当事人本人的参与，他不应是被动的治疗对象，更应是参与其中的互动对象。最后，他才是这一服务过程的判准主体，不能说医护人员说"尽力了""做好了"就是好，只有当事人慢慢真实体会到"心灵安宁"才是切实有效的。自然，各个服务对象情形不一，需要灵活对待，比如有些不省人事的，如何参与互动？有些难以自行决定的，如何沟通？确实，存在这样的问题。但是，在理论上讲，我们应尝试"以当事人为中心"，秉持"医护服务理念"，争取"服务对象参与互动"，这才是真正的"安宁疗护"和"临终关怀"。

（三）本书的研究目的与意义

第一，以生死问题为纬度再度审视人的共在性社会伦理本质。试图从人类生活中寻求伦理学产生的源头活水，试图重建现代人生活的意义所在和幸福可能。而本章的"生死伦理"则以人的"生"和"死"这一最为重要的"两端"为视角，试图重建规范伦理的合法性与人性尊严的可能性。我们以人类产生的起源模式为探讨对象，将伦理学拉向产生的原初语境，从中我们看到人存在的伦理关系性。此种关系性是先天的，这决定了人类伦理学产生的可能与人类个体意义发生的依据。以人的伦理关系性为依据，生死伦理学重新审视了现代人类个体的"生""死"方式。固然有着诸如"试管婴儿""代理孕母""克隆人"等"生"的现代方式，有着诸如"人生因荒谬而自杀""避免痛苦而安乐死"等"死"的现代方式，但是，依据人的"共在共生"的先天性质，它不会因为"生死"方式的改变而消失，也不因"生死"的现代缘由而减弱；相反，与"生死"的现代方式一样，借助于现代医疗科技的发达，人的"共在性"关系反而表现得更明显和被强化，这意味着，现代生活中，"生"与"死"需要更自觉地遵循基于"共在性"的"伦理共在关联性"。

第二，基于"生死伦理"立场回应当代人的"生死困惑"。毋庸置疑，现代人的生活在科技辅助下更加方便、迅捷、自由。但是，与此同时，也更加迷茫、无聊、苦闷和荒谬。通过"生死伦理"的研究，我们可以看到人生的意义源自人与人"共生共在"的"生活现场"、科技手段的先进、医疗仪器的高明等可以带来手段上的便利，但是，他们无法产生意义。相反，因为手段的便捷，更需要回归"共生共在"的生活现场方不至于迷失或错把异乡当故乡，技术仪器只是手段，任何时候它们都不是也不会成为人类的精神家园。人类精神家园只能在人与人"共生共在"的生活情境中寻求。"肉体生命"不是无聊的源头，也不会因为自杀而改变。"个体生命"不会产生价值和意义，人类的幸福和尊严只有在"共生共在"的生活中方可寻觅和建立。

所以，现代人的生死困惑，不是因为"生"或"死"的现代方式和依据产生的，方式的选择、依据的变化无法影响个人的意义和尊严。现代人的生死困惑与荒谬感源自人的共在性关系（比如人与人、人与超越者、人与自然）的迷失与错乱，所以现代人性尊严的寻求与精神家园重建，不能通过"自杀""安乐死"或者"为所欲为""肆无忌惮"而解决，只能通过更自觉、更理性地遵循人与人的"共生共在"的伦理规范而建立（包括人与自然、人与超越者关系的重认）。具体来讲，此种重建，不是形而上的思辨，也不是网络社区的模拟，而是回归"共生共在"现代生活的真实情景。一个人不会发生意义和尊严问题，只有在"共生共在"的生活现场才会产生意义、价值和尊严。这意味着，一个人无法因自慰而幸福，幸福一定是发生在人与人彼此关爱、以礼相待的"共生共在"生活中。赵汀阳说，事情是自己做的，幸福是别人给的；没有"别人"、没有"他者"，孤岛中的鲁滨逊无所谓幸福不幸福，西西弗斯若只是自发推块巨石上下山，我们也无法想象他是幸福的。但是，在人的"共生共在"关联中，我们看到幸福击退了无聊，尊严战胜了荒谬，庄严驱散了迷失。

四、向死而生与尊严寻求

现代社会是一个理性的时代，更是一个伦理的时代。现代社会由于通信、交通、医疗等手段的普及，将人与人的关系拉得更近，而且越来越多的人被拉进了现代关系网络之中。这意味着人与人之间的关系更丰富、复杂和敏感，人与人之间无法老死不相往来，而是在许多问题上休戚相关、唇亡齿寒。只有依托更自觉、更主动、更理性的规范才能在现代关系网络中生存。同时也意味着人与人之间更需要以礼相待、彼此尊重、克己敬诚，个人的言行举止都在无形中影响着"他者"，由于"地球村"的到来，人与人共在空间的紧缩，人与人的距离更近了。所以，如果没有更积极的遵循基于人性的伦理规范，那么这个社会将无法运行。也就是说，现代社会生活是一个亟须理性修养、道德操守的时代。但是，恰恰正是在这样的背景下，现代人变得更加"自我"，更加"个人"，都要为自己而活，希望更多的自由，不要干涉和束缚。随之而来的是现代人生活的意义迷失、走向荒谬和漂泊无根。客观来讲，现代人以自由的名义迷失了自己，为了快乐而失去了幸福，最后只剩下一次性消费的快感、持续的孤独迷茫和失落的自我。在这种背景下，研究生死伦理，就显得更为重要且富有价值。

第一，面对"死"的不可改变性，寻求"善生"的可能。现代医疗取得了迅猛发展，但是，就可以预期的情形来看，"死亡"仍是人生不可避免的事件。那么面对"死"，人生的意义将依然是一个值得持久审视的问题。"生死伦理"的研究将向我们揭示，即便面对"有死"的不可变性，追求"善生"也是可能的。换句话说，正是"死亡"的存在，使"人生"有了边界和可能，才有了"善生"的必要，这意味着"人"的"共生共在性"是值得珍惜和善待的,"他者"是需要敬重和以礼相待的,因为正是在与"他者"的交往中,别人(或与别人的关系)给予了我们幸福。

第二,重新审视"生死"的合理方式。现代科技给我们带来了手段上的便利,但是,我们不可以把手段视为家园而遗弃真正的归宿。"生死"方式只是有助于现代人更容易参与"共生共在"的生活,而不是为了人们更便捷地逃避现实而蜷缩在"自我"的港湾。而且,现代的医疗手段对"生死"方式的丰富,更加拉近了人与人"共生共在"关系的可能性与丰富性,人们应当做的是,顺应此种便捷而更自觉、更理性地遵循人"共生共在"关联的规范性,而非逆向而行,放逐自我,迷失本心;"慎独"是为了更好地参与"共生共在"的生活现场而不是为了自闭。

第三,引导人们解决现代人的"生死困惑"。现代人的"生死困惑"不是因为"生死"方式、医疗手段、现代科技而产生的。问题的根源在人的"共生共在性"关系的迷失与错乱。所以说,通过自闭、虚拟生活、纵欲、自杀、游戏人生等方式都无法克服人的空虚、无聊、荒谬和迷失。真正的解决之道在于,回归"共生共在"的生活场景,弥补和重认人的"共在性"关系,具体表现为"人与人、人与天(自然)的"共在性"关系。在"共生共在"关系中,克己复礼,以诚相待,彼此关爱,珍惜生命,理性面对死亡,活出灿烂、幸福有尊严的人生。

综上所述,我们需要回到"共生共在"的生活场景中正视"生死问题"的根源所在。现代社会出现的新的"生"的方式比如试管婴儿、代理孕母等,"死"的现代方式比如自杀安乐死等的挑战,要求我们更自觉、理性地看待"生""死",以维护人性尊严与人生的意义,解决现代生死困惑,这也许就是生死问题及伦理研究的目的与价值所在。

人类的生死行为之所以需要以伦理价值观念与规范予以范导就在于,任何个体的产生和存在,都是一种伦理关系的存在,因此对于伦理规范的遵守是必然的。这是基于人性自身的需要,而非外在的强加。在此种意义上,我们可以说,无论生物医学科技发展到何种地步,遵守基于人性的伦理规范都是必要的。由此,生命之尊严方有实现的可能。

第二章

"生命与尊严"的文化
心理依据

一、生命及尊严的文化根基

　　人类的生存本身就是群体性的，这不仅使个体必须遵守一定族群的文化—道德的价值规范与习俗，而且各民族文化也形成了一些殊异与普遍的生死文化价值观，考察并了解这种群体生存的生死价值观与历史传统，将使我们对生死问题有纵深的文化历史了解，从而增强对待、处理生死问题的文化自觉、人生智慧与道德智慧。

（一）中西文化之生观

1.中国传统思想中的"演化生成"观

　　从传世的儒家经典里可以看出，他们讨论的更多是"内圣外王"的问题，具体来说就是"君君臣臣父父子子"的问题，对于世界如何生成、人的由来这些问题，儒家基本不予关注。若深究的话，对中国历史影响甚大的传世文献（不限于儒家）关于世界的生成与人的生成基本上基于三个核心概念——气、阴阳、五行，认为世界只是"气"，其具体演化是因为"阴阳和合"，所以会有万物的产生。这些又往往与五行（五种元素）联系起来共同构成世界图式，阴阳不是两种元素，只是两种积极或消极的力量，这是自然形成的，或者说气自身所具有的。气的生成也不是由谁所造就的，只是自然而然的结果。这是我们以先秦文献为主要依据所得出的大致理解。而且，需要说明的是，气、阴阳、五行由原有的自然因素逐渐转化为"浩然之气""清浊之气""尊卑""五常"德性上来，而后者恰恰是儒家思想的重点。

　　（1）"气"与阴阳化生天地人。

　　关于"气"以及随后产生的"元气"的说法，在传统文献里不少。

关于阴阳的说法更是多见，我们只可择其要者举例之，无法全引。需要说明的是，气与阴阳并非总是同时出现。

夫天地之气，不失其序。若过其序，民乱之也。阳伏而不能出，阴迫而不能蒸，于是有地震。(《国语·周语》)

天生蒸民，有物有则。(《诗经·大雅》)

一阴一阳之谓道。(《易经·系辞上》)

天地氤氲，万物化醇。男女构精，万物化生。(《易经·系辞下》)

柳宗元在回答屈原"天问"时认为遂古之初，"惟元气存，而何为焉"，"气"和"元气"在先秦文献中有个演化过程，似乎早期多见"气"而后随着它作为本原性的功能而被称为"元气"，《管子》"枢言"篇云"有气则生，无气则死，生者以其气"。这是"气"比较早期的含义，有自然现象的"天地之气"而演化为生命的依据。需要说明的是，"天地之气"是有"序"的，最重要的表现是阴阳的能动次序。

在《易经》中我们可以看到最为经典的表述——"天地氤氲，万物化醇；男女构精，万物化生"。这基本上可以说是儒家对世界与人的生成观。无论是天地还是人，都不是某位"自有永有"的造物主创造的作品，是大自然的杰作，是自然而然的结果。

关于气—阴阳化生万物，我们还可以看到一个值得注意的现象，如果说道家更重视天地的自然生成过程的话，儒家对阴阳的运用则演化出了"尊卑"关系。我们知道《老子》有言"天地不仁，以万物为刍狗"，但是在儒家这里恰恰是要宣扬天地尤其是圣人之"仁"的，在《诗经》中我们看到的是"天生蒸民，有物有则"，但是到孟子那里已经是"民之秉彝，好是懿德"了。正如《易经·系辞》中所说：

天尊地卑，乾坤定矣。卑高以陈，贵贱位矣。动静有常，刚柔断矣。方以类聚，物以群分，吉凶生矣。在天成象，在地成形，变化见矣。是故刚柔相摩，八卦相荡，鼓之以雷霆，润之以风雨，日月运行，一寒一暑。乾道成男，坤道成女。(《易经·系辞上》)

而关于气，我们知道它本来是作为一种自然"天地之气"，但是到孟子那里便是"配义与道"的"吾善养吾浩然之气"了。这里我们可以看出一种伦理化倾向，由阴阳而天地，由天地而尊卑，由气而生命而道义。这大概是儒家的基本套路。

（2）五行与天地人的构成。

关于"五行"的说法有好几种，比如在《尚书·甘誓》称"有扈氏威侮五行，怠弃三正"。这里关于"五行""三正"理解比较困难，张立文先生认为"五行"依然是指水火木金土而言，所以"威侮"是指不重视五行的重要性或违反了五行的固有性质。[①]他不主张将"五行"解释为五常，因为在当时尚没有见到"五常"并举，但是我们知道在1993年出土的郭店竹简有"五行"的说法就是"仁义礼智圣"，而对于"三正"，张立文先生采用了《左传》里"正德利用厚生""三事"的说法，大致可以；另有学者将其解释为进谏的"三个大臣"[②]。就原文来理解，有扈氏之所以引起讨伐，就语境来看似乎不是违背"水火金木土"的性质，应该是对一种公认德性的违反，正如商汤伐桀、武王伐纣一样。我们可以知道在《尚书·洪范》篇中还提到"五行"的说法，而且提到"水曰润下，火曰炎上，木曰曲直，金曰从革，土爱稼穑"。

关于五行成百物的说法，我们在《国语·郑语》中见到，史伯提出"和实生物，同则不继。……故先王以土与金、木、水、火杂，以成百物。"另外，依据最新出土的"五行篇"，"五行"是"仁义礼智圣"，我们可以看出一个事实是五行由原初的五种元素，逐渐与五种德性联系起来，而且在相生相克中关乎国运之兴衰，这已经与原初意思相距很远了。

---

① 张立文.中国哲学范畴发展史（天道篇）[M].北京：中国人民大学出版社，1988：92.
② 陈成国.尚书校注[M].长沙：岳麓书社，2004：33.

另外应该注意的现象是"五行"与"阴阳"的合流。比如：

> 气有涯垠，清阳者薄靡而为天，重浊者凝滞而为地。清妙之合
> 专易，重浊之凝竭难，故天先成而地后定。天地之袭精为阴阳，阴
> 阳之专精为四时，四时之散精为万物。积阳之热气生火，火气之精
> 者为日；积阴之寒气为水，水气之精者为月。（《淮南子·天文训》）

> 阳变阴合，而生水火木金土，五气顺布，四时行焉。……二气
> 交感，化生万物，万物生生而变化无穷焉。（周敦颐《太极图说》）

这里我们可以看出，五行逐渐被纳入阴阳的思路，而阴阳终究是元气的变动而已，这样由气——阴阳——五行——万物的生成模式基本确立下来，这里没有造物主的问题，一切都是自然而然的。具体到天地产生来讲是"气有涯垠，清阳者薄靡而为天，重浊者凝滞而为地"；具体到人来讲便是"君子之道，造端乎夫妇"和"男女构精，万物化生"。

2.西方基督教背景下的"创造生成"观

我们知道，《圣经》中关于人和世界的创造与中国不同，《创世记》不是被作为神话传说，而是被作为世界的开端、历史的起源、意义的生成及经典的一部分来看待的。在《创世记》中我们看到关于世界与人的"创生"问题，有 The Beginning 和 Adam and Eve 章节，严格来说，这两个版本的创造又不太相同，前者偏重六天创造世界的过程，而后者主要是凸显亚当作为有灵性的人被造的最初情境。关于人的再生问题，《圣经》中还有《创世记》第七章洪水后诺亚方舟的问题，另外还有在19章提及"摩押人和亚扪人的起源"问题，但是这些严格说来是属于"毁灭与再生"的问题，这是"上帝"在创世之后"后悔造人在地上，心中忧伤"（创：5-6）或者是惩罚所多玛罪恶（创：18-19）的问题，所以我们下面会有侧重的分析。在《创世记》①第一章和第二章中关于

---

① 本文参考的《圣经》版本是中国基督教三自爱国运动委员会、中国基督教协会 2009 年出版发行的《圣经》。

世界的创造与人的创生有不同的表述，包括对神的称谓也不太相同。集中考察创世和造人上，与中国天地人的生成模式相比的话，我们会看出明显的不同，后世的歧异，尤其是思维方式的不同。

（1）"上帝"作为造物主及其"独一真神"特质。

我们看到《创世记》被赋予"Genesis"便具有起源、创始的含义，这正是我们要考察的语境，第一章的英文标题便是"The Beginning"，首句为"In the beginning God created the heavens and the earth"。[1]

这里我们可以清楚地看到西方世界的"上帝"作为"最初者"以及"创造者"的含义。具体来讲我们看到"地是空虚混沌，渊面黑暗。神的灵运行在水面上。"这里似乎也谈到了"混沌""水"，我们知道在中国文献里也提到过"混沌"（盘古神话以及庄子书中"中央之帝"）和水（多是气表示），但是似乎那就是源头，而没有另外一只手来加工和创造，而且后来都化归自然了。而《创世记》里不同，或许可以争辩说混沌也是上帝所创，但是依据第一章的创造背景和过程，那似乎是创造时的背景，是"在起初"的情境，但是侧重点不在于"上帝"创世时的具体情境，而在于"上帝"的"创造"性和起初性。即便"上帝"创世时这些是存在的，也只是毫无意义、生气的空虚混沌而已，是"上帝"在起初赋予了他们生命、光和意义。

关于上帝的描述，我们还可以看到在《出埃及记》第三章里涉及"I AM WHO I AM"的问题，一般将它翻译成"我是自有永有的"，有些也依据"I AM THE BEING"来翻译，汉译为"我是存在"，这似乎没有我是"自有永有"的更贴合神性。

据我国台湾辅仁大学陈德光教授的说法，Yahweh（或Yehowah）的原始含义都有"生"（life）的含义，这似乎与中国经典文献里所说"天之大德曰生""天有好生之德"是相似的，但是语境完全不同，同是生命的源头，天只是自然演化的过程或显示，Yahweh则是生命的创造者；而

---

[1] 英文版本采用的是 *Holy Bible*. New International version, Zondervan Bible Publishers, 1984。

且"天"在中国思想历程中的演化逐渐走向了"人事""民心"和"祖先崇拜",而上帝(雅威)则始终是至上的、自有永有的独一真神。杨慧林先生对此评论道"较之多神的希腊文化,希伯来文化是人类历史上最早的'一神文化'之一。在《圣经》的记述当中,上帝是唯一至高无上的主宰。"①

(2)"上帝"出于圣爱创造世界和人。

首先,我们看到"上帝"创世是出于自己的圆满丰盛而创造世界与人。这与中国神话中盘古身体的"自然化"不同,"上帝"在创世前与创世后没有任何亏损,而且同样丰盛圆满。其次,"上帝"欣赏庇护自己的作品,他"看光是好的",随后在二、三、四、五日都说了"神看着是好的"这样的话,在造人之后"神看着一切所造的都甚好"。而且,他专门造人,"要生养众多,遍满地面,治理这地;也要管理海里的鱼、空中的鸟,和地上各样行动的活物"。可以说"上帝"对所有受造物的"爱"最后都落实到了对"人"身上,只有对人的"爱"才是对自然的爱成为了可能和现实。所以,按西方基督教观点说,上帝创世造人,其丰盛与完满最终落实到对人的"爱"上。最后,可以看出,"神"对人的爱表现在安息日制度上,也表现在"神使各样的树从地里长出来,可以悦人的眼目,其上的果子好作食物。"更重要的表现在他对夏娃——亚当伴侣的制造上。"那人独居不好,我要为他造一个配偶帮助他"。

另外,在基督教视野下,"上帝是生命的赐予者"(《尼西亚信经》),而且"上帝"赋予了万物次序。更重要的是"上帝"赋予了人"有灵"的意义:神用地上的尘土造人,将生气吹在他鼻孔里,他就成了有灵的活人,名叫亚当。

这是个很值得注意的现象,同样是泥土造人(如女娲),但是没有说明是"抟黄土"还是具体如何造,更没有"疲惫"的问题,但是提到了"吹生气在他鼻孔里",这里我们可以看出中西创造者以及创造物的不同,

---

① 杨慧林.罪恶与救赎:基督教文化精神论[M].北京:东方出版社,1995:16.

创造者是否因创造而亏损（或者化掉）或者忙不过来，这涉及创造者自身的大能是否完满丰盛的问题；而对于受造物来说，仅仅是泥土还是有禀赋创造者的"生气"，这涉及到肉体生命与精神灵性的问题，而恰恰是后者——"灵性"上中西有着极为明显的分别，无论是女娲造人还是天地之大德曰生，中国语境里似乎没有"灵性"的问题，后世固然有"禀天地之灵气""万物之灵长"也似乎只是说明"人之异于禽兽者几希"的问题，而不是精神灵性的问题（与肉体相对）。由此，可以看出西方的"上帝"作为"造物主"的丰盛不因创造万物而自亏，创造有次序的万物，派人管理，对人的受造上赋予了"灵性"的意义，而且人不是独体是在伴侣的关爱帮助中成长的，这涉及到了"我与你"的人与人群体意识中的生存意义问题，但是这一切都来自上帝。

3.人类起源"创生"模式之二：女娲造人

关于女娲的传说集中表现在三个方面：抟土造人、炼石补天、为伏羲妇。基于我们要讨论的主题主要是围绕人的生成问题，所以炼五色石补天的材料不予引用，集中讨论女娲造人和女娲伏羲由兄妹而夫妇的关系，这在儒家看来是不可想象的转换，所以徐旭生先生研究认为，伏羲女娲的传说同样也来自苗蛮集团。女娲的传说比后起的盘古要复杂得多，不仅在《山海经》中有记载，在屈原的《天问》中也有记录，看来是传颂较远的，我们先看她的造人神话。

（1）抟黄土造人。

> 俗说天地开辟，未有人民，女娲抟黄土作人，剧务力不暇供，乃引绳于泥中，举以为人。（宋·李昉等《太平御览》卷七八引东汉应劭《风俗通义》）

> 有神十人，名曰女娲之肠，化为神，处栗广之野。横道而处。（《山海经·大荒西经》）

> 娲，古之神圣女，化万物者也。（东汉·许慎《说文解字》十二）

传言女娲人头蛇身，一日七十化。（战国·屈原《楚辞·天问》，王逸注）

皇帝生阴阳，上骈生耳目，桑林生臂手，此女娲所以七十化也。（西汉·刘安《淮南子·说林训》）

女娲祷祠神，祈而为女媒，因置婚姻。（《白虎通》）

首先我们看到关于女娲"抟黄土作人"的传说出现得很晚，到东汉方有，而且我们见到的是《太平御览》的引文。从这则材料中我们看不出更多的信息，只是在天地开辟时，没有人，但是有女娲；在造人的方式上，先是抟黄土造人，后来任务量太大，引绳泥中，量化生产了……但是从这里我们可以看出，天地开辟不是女娲的功劳。另外，据许慎的注释，女娲是"化生万物者"。与此同时，我们可以看出，神的数量不仅仅是她一位，"有神十人"，据《山海经》的记载，"有神十人"正是从女娲之肠"化为神"而来，我们无法判断，她化为十人之后，是否还存在，但是依据《淮南子》的记载，她"七十化"主要是依托于皇帝、上骈、桑林等神灵而生人。这里，我们又看出人类的创造方式是诸神共同作用的结果。而在最后一则材料，女娲则被视为月下老人了。

另外比较值得重视的是她与伏羲的传说。

（2）女娲与伏羲：兄妹而夫妇。

女娲，伏羲之妹。（东汉·应邵《风俗通》）

女娲本是伏羲妇。（唐·卢仝《与马异结交诗》）

伏羲鳞身，女娲蛇躯。（东汉·王延寿《鲁灵光殿赋》）

女娲，阴帝，佐虑戏治者也。（《淮南子·览冥训》高诱注）

昔宇宙初开之时，有女娲兄妹二人，在昆仑山，而天下未有人民。议以为夫妇，又自羞耻。兄即与妹上昆仑山，咒曰："天若遣我兄妹二人为夫妻，而烟悉合；若不，使烟散。"于烟即合，其妹即来就兄，乃结草为扇，以障其面。今时娶妇执扇，象其事也。（唐·李

冗《独异志》卷下）

关于女娲和伏羲的记载都是比较早的，但是二人发生关系则是比较晚的事情，而且有两种关系——兄妹和夫妇，这在华夏族文化看来是无法产生关联的说法，却一直出现在不同时期记录的文典中。最为清楚的表述是李冗的《独异志》，但是仔细分析，这个故事有很多漏洞，宇宙初开，天下未有人民，那么怎么会有女娲兄妹二人？就如同屈原的反问一样，"女娲有体，孰制匠之？"这是个很难索解的问题。若仔细考究这段传说的来历，我们见《壮族民间故事数据》第二集有"洪水淹天的传说"，那是雷神发怒以大洪水灭绝人类，只有曾经救过他的伏羲兄妹得以逃生，随后成为夫妇，随而产生了诸种生物。[①]同时我们也看到，清初陆次云的《峒溪织志》里说"苗人腊祭曰报草。祭用巫，设女娲、伏羲位"。据徐旭生先生的考证，依据现代人类学者的实地考察，根据苗族的传说判断，伏羲、女娲为他们的祖先，他们本为兄妹，遭遇洪水后成为夫妇，由此而成为最早的祖先。

（二）中西文化之死观

众生皆有死，这是中西文化共同认可的一个现象，同时也是任何一个自觉的个人所要面临的处境。据说凯撒大帝在去世前吩咐他的随从说，在他去世后要将他的两手摊开于胸前，表明辉煌如凯撒大帝者，去世时也是两手空空如也，什么也带不走。问题就在于，人生必有死，如果我们可以确定知道的，如鲁迅所说只是前面的"坟"，其他都是不可把握不可预测的，那么人生还有什么意义？

这一小节我们就探究一下最能反映中西方思想的儒家和基督教关于"死"的看法，作为一种思想资源来共同建构今人的生死伦理观，以及面对我们人生中不得不面对的人生事实。

---

① 袁珂.古神话选释［M］.北京：人民文学出版社，198：46–49.

1. 以生观死：死的意义建筑在生的价值之上

关于中国传统思想中对"死"现象的探讨，我们大致可以从四个方面考虑：第一，基于神话传说中的变形神话而揭示的"死生相继"；第二，基于道家思想中长生久视而成仙思想；第三，基于民俗传统中丧祭墓葬中的"死而不亡"信仰；第四，基于儒家实用理性的生命价值不朽。①基于《山海经》的神话传说部分对后世影响很有限，而道家长生久视思想一直作为潜在因素影响着中国传统文化的建构，但是，真正能够代表中国传统文化中对于"死"的问题看法的还是要首推儒家的生死观念，如李泽厚所说，将死的意义建筑在生的价值之上。而且儒家此种影响不限于士大夫阶层，或者我们所说的"大传统"。在历史上，儒家的影响恰恰是基于民间而贯穿至上层，如陈寅恪先生所说，"故两千年来华夏民族所受儒家学说之影响最深最巨者，实在制度法律公私生活之方面"②。由此我们可以看出儒家的影响不仅有制度法律层面的建构，更关键在于公私生活的人伦日常影响。

（1）"众生必死，死必归土：此之谓鬼"。

我们知道儒家对于生死的态度，自孔子开始基本形成一种"实用理性"的思路，比如在《论语·先进》篇中季路问事鬼神。子曰："未能事人，焉能事鬼？"又曰："未知生，焉知死？"这种通过"生"来面对或者超越"死"的思路一直影响着中国人的文化心理。此种心理认知并没有回避众生皆有死的事实但又不停留于这种事实，不恐惧于这种事实。而是试图通过某种自己可以把握的努力来超越它，此种可以把握的努力不是通过超越的所谓"上帝"救赎也不是长生久视的得道成仙更不是涅槃寂静，而是在人间世的尽伦尽职，对生的价值彰显便是对死的超越，这样的死才是有意义的。至于，人死后怎样，鬼神是什么，延续孔子的

---

① 康韵梅.中国古代死亡观之探究［D］.台北：辅仁大学中国文学研究所博士论文，1992：238–240.

② 陈寅恪.审查报告三［M］//冯友兰.中国哲学史（下册）.上海：华东师范大学出版社，2011：336.

实用理性思路，并不做抽象玄虚的形而上建构。

在《礼记》和《说苑》中我们看到如下记载：

> 宰我曰："吾闻鬼神之名，而不知其所谓。"子曰："气也者，神之盛也；魄也者，鬼之盛也；合鬼与神，教之至也。众生必死，死必归土：此之谓鬼。骨肉毙于下，阴为野土；其气发扬于上，为昭明，焄蒿，凄怆，此百物之精也，神之著也。因物之精，制为之极，明命鬼神，以为黔首则。百众以畏，万民以服。"（《礼记·祭义》）
>
> 子贡问孔子："死人有知无知也？"子曰："吾欲言死者有知也，恐孝子顺孙妨生以送死也；欲言无知，恐不孝子孙弃不葬也。赐欲知死人有知将无知也，死徐自知之，犹未晚也！"（《说苑·辩物》）

这里我们基本可以看出孔子对于鬼神的唯物路径解释，用气来解释"神"，用"鬼神"来解释"教"，众生必死，死后归土认为就是"鬼"了。"因物之精，制为之极，明命鬼神，以为黔首则。百众以畏，万民以服"，这是神道设教的思路，关键在于教化众人。第二则文献，我们看到了同样的思路，死人是否有知？死后是否有知？孔子的说法很巧妙，他立论的重点不在于死者身上而在于生者的反应，即便是面对"问死"，其回答还在于"此生"。这里，我们可以看到孔子的智慧，对于无法探知的"死后"问题，不武断、不回避，只是将问题引导到可以认知、可以努力、可以把握的现世此生中。至于死人是否有知无知，自己死后自然知道，"犹未晚也"。对于人生来讲，"死"不是优先考虑的问题，面对有死的事实，"善生"才是优先的事实，否则就会"后悔"就会"晚"。对于死后问题那是不会晚的，死后自然知道。所以，儒家的所有努力劝勉都放在可以把握的此生此世，面对死，生是优先的。生命价值的彰显，此生的尽伦尽职，便是人生的意义所在，人生的意义被赋予了，死，便不再可怕，死亡便是一种归宿和休息，这时候，死的意义便产生了。此生的努力赋予了死后意义的存在。

这一思路，我们在相关的祭丧礼中进一步看到——

（2）"祭者志意思慕之情也"。

儒家的祭丧礼并非基于死后世界的信仰，而是基于一种人情考虑。《孟子·滕文公上》中提到："盖上世尝有不葬其亲者，其亲死，则举而委之于壑。他日过之，狐狸食之，蝇蚋姑嘬之。其颡有泚，睨而不视。夫泚也，非为人泚，中心达于面目，盖归反虆梩而掩之。掩之诚是也，则孝子仁人之掩其亲，亦必有道矣。"由此可以看出对于"亲死"的丧葬之礼主要是基于一种人情考虑。再比如我们在《礼记》"问丧"篇中看到孝子要扶杖，为什么要扶杖呢？此种丧祭之礼主要是基于一种人情考虑，人情之外没有"上天""鬼神""灵魂"这种考虑。后来，在荀子那里，进一步凸显了这一主题：

> 礼者，谨于治生死者也。生、人之始也，死、人之终也，终始俱善，人道毕矣。故君子敬始而慎终，终始如一，是君子之道，礼义之文也。夫厚其生而薄其死，是敬其有知，而慢其无知也，是奸人之道而背叛之心也。君子以背叛之心接臧谷，犹且羞之，而况以事其所隆亲乎！故死之为道也，一而不可得再复也，臣之所以致重其君，子之所以致重其亲，于是尽矣。故事生不忠厚，不敬文，谓之野；送死不忠厚，不敬文，谓之瘠。……故丧礼者，无他焉，明死生之义，送以哀敬，而终周藏也。故葬埋，敬藏其形也；祭祀，敬事其神也；其铭诔系世，敬传其名也。事生，饰始也；送死，饰终也；终始具，而孝子之事毕，圣人之道备矣。《荀子·礼论》

荀子的思路与孔子是一致的，而且他更明确的凸显了此种"礼"的人文含义，神道设教的含义，"慎终追远，民德归厚"，这也是荀子所表达的主题。冯友兰说"吾人之心，有情感及理智两方面。如吾人之所亲者死，自吾人理智之观点观之，则死者不可，而灵魂继续存在之说，又不可证明，渺茫难信。不过吾人之感情又极望死者之可复生，死者之灵魂继续存在"。① 冯先生的态度基本上反映了中国人的一种心态，因此对于丧葬祭礼便赋予了一种情感寄托的含义。

> 祭者，志意思慕之情也。惝诡唈僾而不能无时至焉。故人之欢欣和合之时，则夫忠臣孝子亦惝诡而有所至矣。彼其所至者，甚大动也；案屈然已，则其于志意之情者惆然不嗛，其于礼节者阙然不具。故先王案为之立文，尊尊亲亲之义至矣。故曰：祭者、志意思慕之情也。忠信爱敬之至矣，礼节文貌之盛矣，苟非圣人，莫之能知也。圣人明知之，士君子安行之，官人以为守，百姓以成俗；其在君子以为人道也，其在百姓以为鬼事也。《荀子·礼论》

"志意思慕之情"基本上反映了中国人对亡者的一种缅怀和情感寄托。同时，便是对于生者的一种"民德归厚"式的教化。中国人的礼乐是为了生者而不是为了死者。所以荀子说"君子以为人道也，其在百姓以为鬼事也"。实际上，即便在民俗人伦中，对于丧葬祭礼也基本上遵循此种"慎终追远，民德归厚"和"志意思慕之情"的生死智慧。对死者的怀念是为了勉励生者，对先祖父母辈的纪念是为了给后代子孙做个表率。世俗的人伦道德智慧正是在这种丧葬祭礼中得以传承实行的。所以说，"事生，饰始也；送死，饰终也；终始具，而孝子之事毕，圣人之道备矣"。

然而，这样的人生毕竟是短暂的，除却这些德化教育意义之外，人是否还可以有不朽的追求？若果一切都是暂时的，人们还有永恒追求的动力么？人一生辛辛苦苦的意义何在？面对众生皆有死的时候，什么是可以不朽的？什么是可以作为永恒的追求？

（3）"大哉！死乎！君子息焉，小人休焉。"

冯友兰先生说，"依上所引，则儒者，至少一部分的儒者，对于人死之意见，不以为人死后尚有灵魂继续存在。然灵魂不死之说，虽为理智

---

① 冯友兰.中国哲学史（上）［M］.上海：华东师范大学出版社，2011：197.

所不能承认，而人死之不可不即等于完全断灭，则为事实。盖人所生之子孙，即其身体一部之继续存在生活者。故人若有后，即为不死"。① 子孙后代的传承便是一人一家"不死"的象征，由此我们也可以看出传统社会"传宗接代"的超越性含义，不仅是子孙肉体的繁衍，更多是一种文化价值意义的传承。基于此种语境，我们也可以看出，为什么中国人那么注重孝悌观念，而且有"百善孝为先"的说法。除了此种"不死"的观念之外，我们知道另外一种"不朽"的说法是在《左传》里提出的：

> 二十四年春，穆叔如晋。范宣子逆之，问焉，曰："古人有言曰，'死而不朽'，何谓也？"穆叔未对。宣子曰："昔丐之祖，自虞以上为陶唐氏，在夏为御龙氏，在商为豕韦氏，在周为唐杜氏，晋主夏盟为范氏，其是之谓乎？"穆叔曰："以豹所闻，此之谓世禄，非不朽也。鲁有先大夫曰臧文仲，既没，其言立。其是之谓乎！豹闻之，大上有立德，其次有立功，其次有立言。虽久不废，此之谓不朽，若夫保姓受氏，以守宗祊，世不绝祀，无国无之，禄之大者，不可谓不朽。"《左传·襄公二十四年》

此种"立德立功立言"不朽的说法对中国人的影响更大，若说子孙的传承是一种纵向的时间延续，那么立足于此世间的横向的立德立功立言便是一种任何人任何时间都可以尽力去做的永恒追求，这是一个没有止境的努力向度。中国人的文化心理正是通过此种"世间"的尽伦尽职，通过此种德性修养、功利建构、言语智慧来达到一种精神性的不朽，此种不朽不是通过灵魂不灭或者来世复活，而是通过此世间对他人的正面影响而发生的，对他人的仁爱善待、对这个社会的功业建立，以及对任何人的智慧劝诫，这便是一种"不朽"。人都会死，但是此种"德性仁爱、功业恩泽、道德智慧"却活在生者心中，因此这是一种有生命承载

---

① 冯友兰.中国哲学史（上）［M］.上海：华东师范大学出版社，2011：202.

的不朽。面对有死的事实，因为此种生的价值，因为此种"有生命承载的不朽"，让我们看到，死，不再是可怕的离开，而是一种心灵宁静后的休息。

> 子贡问于孔子曰："赐倦于学矣，愿息事君。"孔子曰："《诗》云：'温恭朝夕，执事有恪。'事君难，事君焉可息哉！""然则，赐愿息事亲。"孔子曰："《诗》云：'孝子不匮，永锡尔类。'事亲难，事亲焉可息哉！""然则赐愿息于妻子。"孔子曰："《诗》云：'刑于寡妻，至于兄弟，以御于家邦。'妻子难，妻子焉可息哉！""然则赐愿息于朋友。"孔子曰："《诗》云：'朋友攸摄，摄以威仪。'朋友难，朋友焉可息哉！""然则赐愿息耕。"孔子曰："《诗》云：'昼尔于茅，宵尔索绹，亟其乘屋，其始播百谷。'耕难，耕焉可息哉！""然则赐无息者乎？"孔子曰："望其圹，皋如也，颠如也，鬲如也，此则知所息矣。"子贡曰："大哉！死乎！君子息焉，小人休焉。"《荀子·大略》

维特根斯坦说过，对于可以说清楚的，我们要尽力表明；对于不可言说的我们就保持沉默。冯友兰先生也说，人只有说了很多话然后保持沉默。对于一个人也是这样，尤其是对于儒家所建构的文化心理便是这样，在世的时候要尽伦尽职，冯友兰曾描述他的道德境界说："在道德境界中底（的）人，不注意死后，只注意生前。"此种生前的"尽伦尽职"便表现为个人德性的培养，具体的领域便是在君臣、父子、夫妇、兄弟、朋友中完成自己作为人格的养成。此种人伦关系至今或许名称有所变换，但是同事上下级的领导关系、父子、夫妇、兄弟、朋友等依然存在，这也标明，儒家此种人伦智慧是亘古弥新的。在世时的尽伦尽职，临至终年，死去，便是一种归宿，一种休息，一种心灵的安宁，而不仅仅是一种生命的停止和结束。这种死，可怕吗？在儒家看来，这样的死是不可怕的，因为生的价值赋予了死的意义和宁静。后来宋代理学家、哲学家张载说到"生吾顺事，没吾宁也"，正是此种宁静智慧的写照。行为至此，我们再来看"大哉！死乎！君子息焉，小人休焉"，便觉得合情合理，不难理解了。

所以李泽厚在谈及中国人的死亡意识时说，在中国人的意识里，时间首先是与人的生死存亡联系在一起的。事物在变迁，生命在流逝，人生极其有限，生活何其短促……那么，有没有可能或如何可能去超越它呢？去构造一个永恒不变的理念世界吗？在所谓"神"的恩宠和灵魂的不朽中去超越这个有限的人生、世界和时空吗？有这种超越、无限、先验的本体吗？

对此，李泽厚先生回答道：

中国哲人对此是怀疑的。从巫术、宗教中脱身出来的先秦儒家持守的是一种执着于现实人生的实用理性。它拒绝作抽象思辨，也没有狂热的信仰，它以直接服务于当时的政教伦常、调协人际关系和建构社会秩序为目标。孔子和儒家没有去追求超越时间的永恒，正如没有去追求脱去个性的理式（idea）、高于血肉的上帝一样。孔门哲人把永恒和超越放在当下既得的时间中，也正如把上帝和理式溶在有血有肉的个体感性中一样。那个"不动的一"的"存在"，对儒家来说是不可理解的；一切都在流变，"不变的一"（永恒的本体）就是这个流变着的现象世界本身。从而在这种哲学背景下，个体生死之谜被溶解在时间性的人际关系和人性情感之中。与现代存在主义将走向死亡作为生的自觉，将个体对死亡的把握作为对生的意识近似而又相反，这里是将死的意义建筑在生的价值之上，将死的个体自觉作为生的群体勉励。在儒家哲人看了，只有懂得生，才能懂得死，才能在死的自觉中感觉到存在。人之所以在走向死亡中痛切感受存在本身，正因为存在本身毕竟在于生的意义。而生的意义也就是过程，是生成，它是与情感上的人际关怀联系在一起的。从而"死"和"存在"在这里便不是空洞的神秘共性或生物的本能恐惧，而是个体对人类学本体生成的直接感受。它是个体的感受，所以不是一般性的抽象认识。这是人类学的某种历史感受，不是生物性恐惧。从而，人对待死亡应该不同于动物的畏死，这不但因为人有道德，而且还因为它是超道德的。[①]

李先生的论述可以作为中国人对于生死观念的一个小结，同时我们可以去反观西方的死亡观念，他们也承认"有死"，也承认"不朽"，也勉励此生的辛苦努力。但是，其依据不是人情自身，而是基于超越性的理念、至高的"上帝"，因此在神的恩宠和灵魂的不朽中去超越这个有限的人生、世界和时空。

2.向死而生：在神的恩宠和灵魂的不朽中去超越这个有限的人生

（1）"太初有道，道与神同在"。

从人的诞生角度讲，基督教认为在起初不是先有人，而是先有神。在前面我们分析西方基督教的"创世记"时已经看到，人为神所创造，而且是有灵的人。在基督教背景下所塑造的"人"更重要的是在于其灵魂，无论是理性思考还是不朽都是基于灵魂来讲的。在《约翰福音》里表述到：太初有道，道与神同在，道就是神。这道太初与神同在，万物是借着他造的。

人是从神所生，所以人的血气、情欲都不是人的本质特征，最能体现人的在于人的灵魂。

（2）"有灵的活人"与"蒙主宠召"后的"复活"。

在基督教视野下在人的界定上，基督教对人的塑造与儒家的核心区别在于"有灵"上面，在源头上人为上帝所造，而且人是上帝依照自己的形象所造，因此，人的可贵便不在于他的肉体，而在于他被赋予了"神灵"的形象——在亚当诞生时，固然来自"尘土"，但是，神将"生气吹在他的鼻孔里"，这样他就不仅仅是"尘土"，而成为了"有灵"的

---

① 李泽厚.华夏美学［M］//李泽厚十年集（第一卷）.合肥：安徽文艺出版社，1994：260–261.

活人。这意味着,人的肉体依然会死亡,会朽坏,但是,人的灵魂却是不朽的。

此种对于有灵的活人的塑造,并不影响劝勉人在此世的努力。并不因为人的灵魂是不朽的,人在此生此世便可以吃喝玩乐,同样正因为人的灵魂是不朽的;而且,最后都要回到上天那里去,所以此生此世更需要努力和加倍珍惜。这是因为基督教信仰里面,人正因为是有灵魂的,所以有最后审判要面临。而且正因为人是有灵魂的,人有在最后复活的机会。善恶福报的判断在上天那里,但是,善恶福报的依据则在于人此生的努力和言行。

基督教也强调人的在世努力,但是努力的方向、源头和依据都在于所谓"上帝"爱的诫命,也强调对他人的爱,但是此种源头不是基于一种人性情感,而是基于一种神性依据。此种在世的努力,不是儒家意义上的"尽伦尽职",而是一种对上天"召叫"的感恩与回应。人的不朽也不在于此世的努力,而在于此世努力对于神的感恩,因此在最后审判时,人的复活才会得到"永生"。此种永生固然与人的努力是分不开的,但是在最终依据上却来自于上天。

从基督教典籍里我们看,由于人是"有灵"的缘故,人肉体的死亡便不是"休息"而是"眠于主怀",不是一种离去而是一种"蒙主宠召"。儒家对"死"的超越在于凸显此生的"人生价值"而赋予死的意义。而在基督教那里,此种意义的源头只有一个,那便是上帝。基督徒需要辛辛苦苦孜孜不倦的工作,但不是一种世俗性的"尽伦尽职",而是一种"天职观"的践行,因此辛苦自身就是有意义的。临至赴死,不是一种离开,而是一种回归,这同样是值得期待的,这同样也是一种对"死"的超越,只是此种"超越"不源自于人自身,而源自于超越的至上神。

(三)中西生死观之异同比较及其现代启示

1.中西生死观的不同所建构的不同伦理关系形态

在中国,人的产生源自"夫妇之道"或者说追溯的"阴阳和合",

因此人情的因素凸显出来——无论是世俗的人伦安排，个人一生的勤勉追求，都是在凸显此种"生"的价值，由此而来的"死"便是一种休息，生的价值赋予了死的意义。"天"固然作为价值源头，但是先秦时期逐渐由"天"而人，祖先崇拜逐渐取代了"天神崇拜"，"天"只具有"虚君"的象征意义，符合立法的人道正是"天道"的体现，"天何言哉，天何言哉"，"天"不言，天道主要是通过人道体现的，"天视自我民视，天听自我民听"成了当然的结果。

在人与神的关系上，也逐渐出现了"敬鬼神而远之""不语怪力乱神"的态度，同样也有"民先神后""民为神主"的主张。无论如何，我们可以看出在中国的主流语境中，"天"原初具有"人格神"倾向的意义逐渐消解淡化，而成了不可知的"天命"；与"神"一样，最终的意义赋予者都是"人"，更准确来说是"民"，这是政治学语境中的词汇，"天"和神，都成了治国安邦的"摆设"（道具），真正有意义的事情在人间，在此生。没有彼岸追求，没有灵魂不朽的期待（如上面我们看到的"不朽"只是落叶归根子孙祭祀的问题），以至于后来的"不朽"，只是"立德、立功、立言"的问题，这些都是一个世界中的追求，或者说后续（子孙）怀念的问题。

但是在西方语境中，在《创世记》中，我们看出人与神的关系，是造物主与受造物的二分关系。这决定了世界是二重的，今生与来世，此岸与彼岸，肉与灵，都是被设定了的，无可逃脱。此生不是乐园，而是赎罪祭，在肉与灵的张力中，在罪与义的修炼中，人逐渐回归造物主。此世并不值得珍惜，因为是可逝的，真正的意义在于"灵"，在于回归天主。

由此，我们可以看出，在原初语境中，在通过人与世界的生成，中西的起源是如此的不同。一方来自自然，是阴阳之气演化的结果产生人，这些只是前奏，更看重的是父母人伦，人来自父母；另一方是来自"上帝"，"上帝"因为爱创造人和自然，而且给予人最初的完美处境，人来自"上帝"，爱也来自"上帝"，"上帝"是爱的起源。此种不同的起源也造就了不同的天人关系，在中国，天人关系主要通过君臣父子关系表现出来，这便是天道，阴阳化为"尊卑"，五行化为"五常"，只有人世间的伦理关系才是最真实的，而这一切都导致"立爱自亲始"。而在西方，因为人和世界来自上帝，爱也源自上帝，所以说上帝就是爱，心是最初的制造者，也是最终的裁判者。上帝因为爱创生人类，也会因为爱而毁灭人类（如同《创世记》所记载的），人与上帝的关系是神圣的、多维的，这是有限与无限的关系，是罪与善的关系。

在"生"的问题上，中国文化彰显的是人道意义，突出"造端乎夫妇"的人间事实，对天道的追寻更多侧重于人道即是"天道自然"的显现。而在西方，"生命"是被创造的，由上帝创造出来，而且上帝赋予了人"有灵"。由此一来，面对"死"，儒家的不朽在于子孙的繁衍，更在于此生的"立德立功立言"的尽伦尽职。而基督教的"不朽"在于源自上帝的"灵性"的不朽，在最后的审判中，人们还要面临"复活"的情境。西方的这种认识在儒家"不朽"的意义里是缺失的，儒家的不朽不是最终意义上的，儒家的不朽就体现在时间之流的过程当中，体现在人伦日常的伦职关系中。德性的建构、功业的建立、言语智慧的福泽他人后世便是不朽了，儒家的不朽活在生者的心中，基督教的不朽在于灵魂的回归神性。从相同的层面去看，抛开此种起点和终点的巨大差别外，我们看到在对此生的勉励与劝导中，儒家和基督教在对人的人性建构与言行引导上，都主张对他人的关爱与善待，都强调个人对这个社会的责任。只是，在最终依据上，儒家建基于人性，而基督教建基于神性。

2.基于人类起源角度探究人类群生的文化伦理意义

综上所述，我们看到"化生"与"创生"模式中揭示的人与人间的伦理关系。就人类起源来讲，基于中西方经典文献，我们可以看到"化生"与"创生"两种模式，近代以来达尔文的"演化论"成为"人类起源"的主流理论，但是那基本还是一种"演化生成"的物种、人类起源学说。自然，与此同时，"上帝造人"这一"创生"模式依然是基督教不变的信条。两种学说同时共存，起源模式不同。但是，共同诉说了人与人的共在"关系性"。

（1）人类起源角度所揭示伦理关系之"先天性"的三重维度。

就"演化生成"来讲，人不是单独出现的，有着先天的"阴阳和合"问题。由以上分析我们可以看出，"化生"模式的主要思路是"气——阴阳——天地人"。这里需要留意的是"气"的概念，它天然具有"阴阳两种性质"，"阴和阳"不是两种事物，而是气运行的两种性质。由此而产生天地，"气有涯垠，清阳者薄靡而为天，重浊者凝滞而为地"。对于人类来讲，这一气的运行过程是一体的、自然的，"天地氤氲，万物化醇。男女构精，万物化生"，这里我们可以看出在"化生"模式下，天地与人都是"气"在"阴阳"两种性质交合运行下自然产生的结果，"乾道成男，坤道成女"，这里没有被造与受造的关系，没有"创世主"的存在。而且，男女是对生的，没有独立的一个人，只有关系中的男女、夫妇，所以说"君子之道，造端乎夫妇"。

在中国传统文献有记载的"女娲造人"，最后也由神话学者追溯到苗族的祖先传说，而且也是兄妹或夫妇关系。没有独存的"个人"。严格来讲，这里至少预设了两种关系，人与自然阴阳，人与人（男女或者夫妇关系）。对于人与天地自然来讲，是"天人合一"的关系，人与天在原初生成的本源意义上讲是同质的，都是"气"在"阴阳五行"运作后的结果。所以中国经典中的"天人合一"具有自然宇宙生成论意义，尽管随后儒家多从"心性""天理"角度论证"天人合一"，但是，我们可以看出，人与天的关系是"一体"的，不是"有限与无限""创造与受造"的关系。

对于人伦来讲，随后儒家经典形成"君子之道，造端乎夫妇"，以及随后形成的"百善孝为先""皆以修身为本""君君臣臣父父子子"此种特别注重人伦情常的"伦理本位社会"（梁漱溟语）。这样我们便可以看出，此种人与人共在关系的原始性，人不是"独体"，而是关系中的生成。自人类产生时就是这样，而且不仅仅有人与人的关系，还有人与天（自然）的关系。这意味着人从来不是独立存在的，都是一种关系性存在。

而在"创生"模式中，此种"伦理"更加明显——人为上帝所造，这不仅仅有人与人的关系、男人与女人的关系，更关键的是，在人类起源上，人便有与上帝的关系（受造与创造、有限与无限），有着灵与肉（泥土造人与吹生气到他鼻孔里）的关系，有着人与圣言（种种"他说"与"人活着，不是单靠食物，乃是靠神口里所出的一切话"）的关系。此种人类初始时期的关系是复杂的，而且具有先天性，决定了后来人类关系的产生与延续。这里我们也可以看出，在"创生"模式下诸种"关系"的次序，人与上帝的关系具有优先性；随后才是人与人的关系，这决定了西方的宗教信仰传统及其社会主流。

综上所述，无论是"创生"模式还是"化生"模式，我们都看到，人类在起源角度便是一种"关系性"存在。这意味着人的"生"或存在，是一种"共在"而非"独在"。此种"伦理"主要体现在三个方面：人与自然、人与人、人与超越者。

"化生"模式下，人与自然万物是一体的，因为在自然与人的起源上是同质的，只是过程中的不同部分。因此，人与自然既可以有"道法自然"的逍遥，也可以有"天人合一"的体认，人对自然有运用于生活的必要，而没有主宰管理自然的使命。"超越者"在这里显得淡化，是可以敬而远之的。人道体现着天道，"天视自我民视"，人若能"克己复礼""践仁行义"便是"替天行道"，德行修养成了敬重对象；这里最重要的"人与人"的关系，就个人来讲，身心一如，没有纠葛的纷扰，也没有"灵与肉"的挣扎。困惑在于"色难"和"孝悌之道"，在"修身""齐家""治国""平天下"中完成作为一个"人"的伦理责任，具体表现便是在"君君臣臣父父子子"中各司其职、各安其分。此种责任的完成，是"成人"的需要，是"为仁由己"动力，没有外在超越的使命与归属。

但是，在"创生"模式中，最重要的关系是"人与上帝"或者说"人与超越者"，因为人和自然都是有无限全能的"超越者"所创造，所以，在起源角度决定了"人神"关系的绝对优先性。由此以来，人与人的关系、人与自然的关系都以"人神关系"为旨归。

（2）人伦关系的社会性及其在现代的强化。

从上面人类起源的两种方式可以看出，人类的产生，在其本然层面就是"关系性"的,是"共在"的。而且,此种"共在"不是遥不可及的,不是"老死不相往来"的,而就在"身边",就在"人自身上",在同一座生存岛上,不仅有我们的脚印,而且还有其他同类的脚印。

就"化生"模式来看,人的存在最初就是"男女并存",其依据的原理是"孤阴不生,孤阳不长",因此,阴阳同时存在,男女而夫妇而子女,由此而"修身齐家治国平天下",人一辈子都是在"关系"中存在,都是一种"共在"。

人作为关系性的存在,这是先天的,而此种先天性证明了伦理规范的本然性。但是,在具体现实中,人与人的"共在"关联性则有远与近、亲与疏、软与硬的分别。抛开个人的血缘、朋友、师生等具体关系,就一般的个人来讲,此种关系的亲与疏主要受制于空间上的远近。如同前面所描述的,鲁滨逊若只是一个人,没有伦理问题产生,若是两个人,一个在岛这边,一个在岛那边,即便是认识,此种伦理关系依然相当微弱,可忽略不计。但是,在现代社会中,"地球村"成了一个现实,全球化成了一种趋势,此种"关系空间"变得越来越近、越来越紧密,地球还是那个地球,但是空间联系加强了,因此,地理距离还是那样远,但是彼此联系方便了、迅捷了、加强了,因此人与人之间的"伦理关系"变得不容忽视。

另外,现代社会种种因素比如科技、工具理性等也造成了人情淡漠全球化,其原因在于除却人的谋生困难、欲望增多、唯利是图、无力照顾他者以外,其实人情冷漠与现代"伦理关系"的加强有关——"伦理关系"加强,因此生存竞争变得剧烈,生计变成问题,关键在于不断的勤奋工作才能维持"按揭"的生活。因共在关系紧密而变得紧张,出于本能,人容易形成冷漠心理,否则将应接不暇、疲于应对。但是,我们可以看出正是基于这样的本能维护,在现代社会,更需要理性维持,更需要规范调节,否则人与人的伦理关系关系将随着现代社会的强化而变的"难以面对""透不过气来",各种资讯铺天盖地,人与人摩肩擦踵,交通变的拥堵不堪,个人会因为人多、人与人关系伦理关系过重而变的

"窒息"或者"歇斯底里"。所以，现代社会是一个理性的时代，是一个伦理的时代。

正是由于人与人关系的普遍强化、无所不在，个人更需要理性面对生活，要克己复礼，伦理规范变得更加必要和迫切。在现代社会，期待人与人间的普遍"温情"是困难的；但是，期待人与人能遵从理性，以礼相待，把人当人看，则是可能的，也是必要的。在现代社会，人与人共在共存，成了唇亡齿寒的关系。在这个意义上说，伦理规范不仅是一种调节手段，也是一种伦理责任。对于"他者"的责任，对于"同人"的责任，对于共同"生命体"的责任。与此同时也意味着对自己的责任或福音。人人彼此承担起伦理责任，对个体而言，便是一种权利、自由和尊严的保障。

由以上分析，基于人类起源论证，我们可以看出，人是一种"伦理关系"存在，这本身就意味着人是一种"伦理共在性"的存在。因为，伦理就其原始含义来讲便是对人与人关系的一种协调和维持。所以，就个体的"生"或"死"的方式来看，都需要遵循此种"伦理共在性"。个体的"出生"从来不是"独体"事件，个体的死亡也从来不是"一个人事"。所以，正是此种"人与人"或者"人与他者"的共在关联性证明了现代"生死问题"伦理向度的必要性和意义。

二、认识"生命"与"死亡"

（一）认识"生命"

《辞海》关于"生命"的解释是，"由高分子的核酸蛋白体和其他物质组成的生物体所具有的特有现象。能利用外界的物质形成自己的身体和繁殖后代，按照遗传的特点生长、发育、运动，在环境变化是常表现出适应环境的能力。"①此种说明大约适合任何有机体生命，与此同时也意味着无法确定的区分开不同种的生命体。因此首先界定本文语境下的生命是必要的。

1. 生命神圣与生命品质

对于人类生命的界定，我们看到在中西思想语境中是不同的，西方基于基督教背景认为"生命是神圣的"，而中国传统经典基于人类生命的起源探讨我们看到，人的生命源自自然阴阳和合而生，所以，没有"神性"的源头。但是，人类作为万物之灵长，人的生命又具有很高的地位。基督教的"生命观"之所以认为"生命神圣"，其根源在"上帝"，所以，正是在源头上、产生方式上以及人所具有的灵魂上，认为人的生命是神圣的。但是，这样的生命观，面临两个问题，第一，对于不信基督教的人来讲，"生命神圣"的观念无法确立；第二，严格分析"生命神圣"的说法，我们会发现神圣的部分严格来讲不是"人自身"而是"灵性"的部分，对于灵性外的"肉身"则是沉重的，甚至是堕落的原因。无论是否承认"生命神圣"，基本上公认"生命的重要"，最基本的考量，如同上面所说，生命是伦理问题的逻辑前提，同时，也意味着其他一切问题的前提。没有生命，其他问题都无从讲起。因此基于"生命重要性"角度，我们引入"生命品质"概念，这不仅是一种物理性的"生命存在"，而且隐含人对"生命自身"的某种自觉意识与存在方式选择。正是此种自觉意识和生命存在方式选择的可能性，伦理问题才由此产生。正如生死学家波伊曼所说：

"生命品质观念无论用道义论或功利主义来加以解释，人类的价值都是来自理性的自我意识或享乐的能力，因此他们的生存权利都不应该遭到剥夺。这并不否认生命的重要性，因为生命本身就足以获得一切正面的价值。根据生命品质的原则，生存是产生其他价值的必要条件。因此

①　辞海［M］．上海：上海辞书出版社，1999：2085.

它可以构成保护生命观点的有力支撑。生物性的人类生命并没有绝对价值,但是没有它,其他的好结果统统免谈。"①

人类生命的特殊性在于它不仅是一种生理性的存在,很明显这种"存在"是其他任何价值产生的基础。而且,人类生命是伦理性的存在,这才凸显了人类生命存在的特殊性以及种种问题产生的背景。

2.生命的三重内涵

我国研究生死学的知名学者郑晓江教授论及人的生命时,他说,其实,每个人的生命除了实体性的生理生命之外,还蕴含着三重内容:血缘性亲缘生命、人际性社会生命、超越性精神生命。血缘性亲缘生命是人类生命存在的物质基础,是人际性社会生命和超越性精神生命实现的前提;而人的人际性社会生命和超越性精神生命则更能体现人类生命的本质。②此种分法大致比较能够体现人类生命的本质,无论是作为生命基础的血缘生命还是作为关系存在的社会生命,都是在伦理关系中产生的;而对于精神超越性的追求不仅表现为人的精神创造,同时还表现为人生命的"不朽性"。所以,郑晓江教授总结说道:

一般而言,生理性实体生命和血缘性亲缘生命成长的最高目标是"健康丰富地成长",人际性社会生命成长的最高目标是"和谐幸福",超越性精神生命成长的最高目标是"丰富创新"。人们依靠超越性精神生命生产出许许多多创新之物,通过精神能够永存的特性来超越死亡,并最终达到生命的不朽。所以超越性精神生命最能体现人生命的本质:永不止息的探索,永无满足的创新,永不熄灭的精神之光。③

基于上述说法,郑晓江教授还提出了"死是生活的终止,生命可以永存"的说法。④或许不同学者会对此结论提出不同看法,一般的理解,死亡是生命的终结。但是,我们可以看到郑先生是刘生命有二重界定上

---

① 波伊曼.生与死——现代道德困境的挑战[M].江丽美译.香港:桂冠图书股份有限公司,1997:33.

② 郑晓江.生命与死亡:中国生死智慧[M].北京:北京大学出版社,2011:6.

③ 郑晓江.生命与死亡:中国生死智慧[M].北京:北京大学出版社,2011:9.

④ 郑晓江.生命教育演讲录[M].南昌:江西人民出版社,2008:105.

说，对于任何一个个体来讲，死亡只是生活（实体生命的存在）的结束，但是无论是他的人际生命（亲友怀念）还是他的精神生命（对他人的影响，比如说德、功、言）则是一直存在的。这里我们至少可以看出：第一，人的生命具有"生长"性特质，无论是血缘生命还是人际生命，都是动态的，都是过程中的建构，而且天生处在人伦关系之网中；第二，人的生命具有指向外的特点，无论是社会生命还是精神生命都不是封闭自守的，而是指向外在，这意味着人的生命具有天然的伦理干涉和影响，如果说前面一点说明人类生命存在的客观伦理性质，那么此种指向性则表明人类生命自身具有主动的人伦关系建构特质。

正是在这个意义上，我们看到伦理秩序规范的必要，否则如郑教授所说"永不止息的探索，永无满足的创新，永不熄灭的精神之光"可能变成人与人之间永无休止的自相残杀和勾心斗角。个体的永不止息在人伦关系中发挥影响，可以是正面建设性的，也可能是灾难性的破坏。正是在这个意义上，我们说关注"生命伦理"并主动建构生命规范是必要的。否则，人对人是狼的社会，对任何人来讲，都是对生命的亵渎。正是人的伦理自觉建构与规范成就了人性的最初指向和人间的幸福秩序。

3. "生命伦理"的界定

（1）"生命伦理"的内涵。

美国《生命伦理学百科全书》将"生命伦理学"（bioethics）定义为，运用伦理学的方法，在跨学科和跨文化的条件下，对生命科学和医疗保健的伦理学，包括道德见解、决定、行为、政策等进行的系统研究。需要留意的是"生命伦理学"的生物科技背景，如同邱仁宗先生所说，生物医学技术大大增强了专业人员的力量和知识。

过去人们不能做的事现在能够做了，如使垂死的病人继续存活，在产前检查出胎儿的疾病，移植身体的器官，等等。于是就提出了这样的问题——我们应该干这种事吗？由于知识的增加，我们可以预测原来不可预测的行动后果，迫使我们作出道德决定。例如，有严重遗传病的夫妇所生育的后代，有身心缺陷的可能性非常之大，是否可作出不允许他们生育的决定？力量和知识的增加可带来许多好处，比如让不能生育的人生儿育女，让某些器官衰竭的病人可以获得代替的器官，这又出现资源的公平分配问题。"不许伤害病人"是一条传统的医学伦理学原则。那么，关闭一个脑死病人的呼吸器是不是伤害病人？不让一个严重缺陷的胎儿出生是不是伤害病人？不去抢救一个没有存活希望的无脑儿或脊柱裂婴儿是不是伤害病人？因为得不到供体肾而使肾衰竭病人死去是不是伤害病人？[①]

据沈铭贤教授的分析，"生命伦理学的范围相当广泛，通常分为五个研究领域：理论生命伦理学、临床伦理学、研究伦理学、政策及法制生命伦理学、文化生命伦理学。理论生命伦理学可以理解为生命伦理学概论或通论，侧重于理论层面的阐释。临床伦理学包括临床各科和护理的伦理问题及规范。研究伦理学指生命科学和医学研究中的伦理学，包括药物临床试验规范，同时拓展到生命科学前沿研究的伦理。政策及法制生命伦理学属于管理和制度层面的伦理学，不仅政策和法律要符合和体现伦理，而且伦理的传播和实施要有政策和法律的保障。文化生命伦理学研究文化和生命伦理的关系，以及不同的文化和宗教对生命伦理的不同理解与沟通。"[②]这五个研究领域的划分，基本上涵盖了"生命伦理学"的主要范围。在"日常生活视阈下"关注人的"生活伦理"问题，而"生死伦理"又属于"生活伦理"的一个重要分支。

由此我们可以看到"生活伦理"视角下的"生死伦理"（或者具体分为"生命伦理"与"死亡伦理"），尽管二者有着较丰富的重叠领域，但是，二者的视角和出发点不同。生命伦理学主要的针对背景是"现代生物技术"，而"生死伦埋"的着眼点在于"回归生活主题"，这涵盖了不同时代背景下技术对生活的大范围影响。但是，"生死伦理"的直接针对问题

---

① 邱仁宗.生命伦理学［M］.北京：中国人民大学出版社，2009：2.
② 沈铭贤.生命伦理飞入寻常百姓家：解读生命的困惑［M］.上海：上海科技教育出版社，2011：42.

不是技术而是"生活"。这是需要留意的。而且,"生活伦理"的一个问题背景在于对"教化伦理"的去意识形态化而使伦理学回归生活本源,对生活伦理的关切是对人自身的尊重和对个体追寻幸福生活的尊重和建构。

在现代背景下,生物技术对今人生活有着广泛而深刻的影响,因此"生活伦理"视角下的"生死伦理研究"自然带有很深的"生物技术"因素,"生命伦理"和"死亡伦理"也带有很明显的"现代性议题"。但是,"生死伦理"不等同于"医学伦理"也不等同于"生物技术伦理",若勉强对应的话,大致与"生命伦理学"中的第五个分支"文化生命伦理学"略同,只是二者的问题视角和直接针对性不同。

(2)"生命伦理"议题的现代特性。

在邱仁宗先生《生命伦理学》中,他将"生命伦理学"的议题归结为生殖技术、生育控制、遗传和优生、有缺陷的新生儿、死亡和安乐死、器官移植、行为控制、政策和伦理学等主题;①而在程新宇教授所著《生命伦理学前沿问题研究》中,她探讨的"生命伦理问题"主题包括生殖技术、安乐死、基因干预、器官移植、人体试验等。②由此可见"生命伦理学"有自己大致确定的关注议题。在"日常生活行为伦理学"视角下,重新审视"生命伦理",我们会看到关于"生命伦理"的现代议题,比如说试管婴儿、代孕母亲等生殖技术的问题将会得到重新诠释和解读,更多侧重其伦理问题关联性,而非其中的医学科技界定与争议性。

之所以说"生命伦理"的议题具有现代性,是因为它所关注的问题大多都以现代医疗科技为背景。比如生殖技术问题,没有现代医学的发达,人工授精、体外受精、代孕母亲等都是不可想象的。生殖技术用通俗的话讲,便是"非自然生殖",意思是有医疗科技干预下的生殖。当自然生殖下所产生的父母子女关系若相对简单的话,生殖技术协助下产生的父母子女关系便错综复杂,由此而来的伦理问题也变得纷繁丰富。若医生面临更多的是生殖技术的改进与安全保障的话,伦理学家关注的问

① 邱仁宗.生命伦理学 [M].北京:中国人民大学出版社,2009.
② 程新宇.生命伦理学前沿问题研究 [M].武汉:华中科技大学出版社,2012.

题则是新的生殖技术背景下产生的伦理挑战。

（二）认识"死亡"

1. "死亡"的平等性

记得鲁迅说过，人生唯一可以确定的是前面的"坟"。

无论贫富贵贱，无论生时何等光彩绚丽，最终都难逃一死。我们知道美国《独立宣言》开篇称"人生而平等"，但是，事实上，无论在哪里，人生都有太多的不平等。不过，面对死，没有例外。

知名作家李怀特（White Lea）在一则寓言故事中提到有一个很穷的老人偷了一只鸡放在锅里炖，外面有敲门声，他问，是谁？答曰，是上帝，想吃一点东西。老人说不给，因为发现你对人很不公平，在人间有很多厚此薄彼。过了一会儿，又有人来敲门，自称是圣母玛利亚，老人说也不能给你，你对人间也不公平，许多好人好心没好报，坏人却经常嚣张。又过了一阵子，死神来敲门要东西，老人反而说："是死神吗？那我可以给你，因为你很公平，无论是富人、穷人、好人或坏人，你都是公平对待，一视同仁。"①

从最终意义上讲，人皆有死，这似乎是最公平的。但是，何时死？因何而死？则是极为复杂、充满变数和选择的事。这就好比，人皆有死，但是生的内容与意义则充满着极大的选择空间和可能性。固然，最终结局是无法改变的，但何时走向最终，最终之前如何"生活"则给我们极大的选择空间和丰富人生的可能性。因为死，让我们有反思生的必要；因为死，让我们看到珍惜生的意义。萧乾先生说："死这个必到来的前景，使我看透了许多，懂得生活中什么是珍贵的，什么是粪土；什么持久，什么是迷眼浮云。我再也不是雾里看花了，死亡使生命对我更为透明的了。"

从某种层面来讲，死是令人感到恐怖的，唯恐避之不及，因为一死百了。人生许多事情，我们都在争先，但是唯独在死上，人们唯恐在先。

---

① 转引自冯沪祥.中西生死哲学［M］.北京：北京大学出版社，2002：53.

但是，从另一个层面来讲，也正是死亡，让我们更清楚地审视人生；正是死亡，让我们看到生活的意义；也正是死亡，让我们反思人类社会的是是非非。从某种意义上可以说，死亡又是人类社会文明发展和不断前进的反思性动力。

在此可讨论四个议题：第一，什么是死亡？如何界定死亡？正是死的严重性，让现代社会不敢对死轻下判断，担心任何的误判。我们知道在现代医疗科技发达以前，人们对于死，并没有太多的争议，但现代社会较为发达的急救技术，让过去注定死去的状况有了"起死回生"的可能。那么什么才是确定的死亡呢？这成了现代社会的复杂议题。议题的复杂性彰显了人道标准的细化与谨慎。

第二，死可以安乐么？我们试图讨论现代社会安乐死所引发的伦理争议，就一些典型个案来看，安乐死不同于谋杀或自杀，是一种自我选择有尊严地离去的方式。但是，从某种程度上又有着"自杀"的因素，比如说蓄意结束生命。当绝症病人感到存在只是一种折磨，他是否可以选择安乐死？我们是否会接受此种安乐死？这是个极富争议的课题，同时，我们引入了"临终关怀"（"安宁疗护"）的缓解方案，这是从人道主义标准和生活伦理学角度来化解安乐死伦理争议，不仅针对绝症病人，也包括其家属，不仅是肉体痛苦缓解也包括心理咨商与辅导。

第三，杀人者一定得死吗？杀人偿命曾是我们认为天经地义的事情，但如今很多国家废除了死刑，为什么会这样？为什么选择宽恕？为什么试图终止以暴制暴？从生活伦理角度我们看到，死刑存废争议得以化解的一种视角，我们将提出基于生活伦理学角度对废除死刑的一个论证。

第四，自杀可以吗？什么情况下自杀是可以得到理解和尊重的，基于生活伦理学视角，我们看到，许多情况下的自杀，不是对生命或生活自身的彻底厌恶，只是人生某个阶段的生活压力、迷茫与冲动，许多自杀是盲目的。慷慨赴义式的自杀在一般日常生活伦理层面很难出现，而且也只有这种情形的自杀才能得到人们的普遍认可。但是，即便此种自杀，我们知道也不是为了厌弃生命，只是为了更多人更好的生活之义而迫不得已选择了"舍生",其主观意图不是为了结束生命而是为了实现大义,这种情形,我们一般又将他们与"自杀"区分开来。所以,从生活伦理学角度,自杀是个难以接受的行为,因为它极大地破坏了生活情境和种种人伦关系。只有极个别的自杀情况可以被容忍。

"死亡"对于人类来讲是个最普遍、最确定但也最难以琢磨和面对的事件。就传统社会来讲,人们对于"死亡"有着种种忌讳,就现代社会来讲,"死亡"成了最富争议的一个话题,比如"自杀",加缪说"自杀是真正的哲学问题",鲁迅说,未来不可预知,唯一确定的是前面的"坟"。但是,什么是"死"?尽管在这里尽量不做医学伦理的技术性争论,但是,对于"什么是死亡"确实有着复杂的争议。

怎么才可以判断一个人死去?这比判断一个人"生"难;虽然,在传统社会,无论是一个人的"生"还是"死",至少在技术判定上没有太多的凭借和判准,所以,反而比较容易确认。比如说,重症患者,由于医疗手段的有限,他的死去几乎是注定的。但是,随着现代医疗科技的发达,种种绝症被克服,种种顽症被治愈,医生更加了解病理,通过仪器能更清楚地判断病灶。因此种种"奇迹"在不断上演:器官移植,这在过去是不可想象的;早产儿,在过去也几乎预示着不幸;天花等传染病,现在基本可以杜绝;植物人,现代医疗设备可以维持数十年使他还"活着",这在过去也是不可想象的。

但是,人们有着更多的期待——医疗的进步远远赶不上人性的期待欲望,而且有许多疾病,现代医疗并不能药到病除,比如说癌症、艾滋病。我们抛开这些医疗上的议题,回到死亡上来。随着医疗科技的进步,死亡变得更加不确定。比如说:癌症是绝症,大多末期患者都面临告别人间,但是也有治愈的,或者能长期存活的;植物人一般只是"等死",但是,有些确实又恢复了意识,这些若没有现代医疗手段的协助都是无法产生的"奇迹";曾经有惊无险的香港凤凰卫视的那名主持人,被判定为"死亡",但是最终又恢复了生命。医学在技术化,死亡变的复杂化,即便是医生自身也难以判断。因为,许多争议正是基于不同医学背景的医生产生的，采取不同的标准，可能决定一个人的生死存亡。由于死亡是不可逆的，面对人命关天的大事，"死亡"变得难以判定。

2.死亡标准：心死到脑死

传统的死亡判定是依据呼吸和心脏跳动。此种方法在许多民间都存在，比如说按压脉搏判断心脏跳动还是停止，比如用细丝棉絮放在死者鼻孔前判定是否还在呼吸。是否心跳和呼吸曾经主宰了人们对死亡判定上千年的时间。甚至，在现代社会，此种判定方式还在沿用，比如1951年美国《布莱克法律词典》对死亡的界定便是"血液循环的完全停止，呼吸、脉搏停止"。我国出版的《辞海》也把心跳、呼吸的停止作为死亡的重要标准。医学上实用的传统死亡标准是心搏、呼吸、血压的停止或消失，接着是体温下降。尤其是心搏消失。

但是，此种"心死"标准遇到了一些难堪的特例，比如对身首异处的人，由于心脏还在跳动便判定她还活着，这一案例以1952年发生在美国肯塔基州的Grey V Swayer案子最为典型。法院的难题在于要将遗产判给寿命比较长的那一位，但是二人惨遭车祸，男子脉搏很快停止，而女子身首异处，但是心脏还在跳动。依照"心死"标准，女子活的更久，但事实上，男子死前女子已身首异处了。另外，在西南非洲卡拉哈里沙漠中，人们把心死的人埋在浅墓中，但是有很多"死人"从墓中爬出；再比如1962年苏联物理学家兰道遭车祸，心跳停止，但后来抢救又活过来，如此后来经历3次心死复活，直到1968年才真正死去。这些个案都使"心死"标准遭到挑战。

但是，真正使心死标准遭到挑战的是现代生物科技和医疗抢救技术，比如呼吸器的使用，比如人工心脏的使用，器官移植的使用——比如脑部严重受损者，可以维持他的心脏功能，但是一般认为他已经死了。

现代技术的进步让我们看到传统"心死"标准的不合时宜——一方面是技术让濒危人士得到更多的救治机会，另一方面是现代生物科技让我们看到什么才是真正的"人"，界定人活着的不是物理性的"心脏""血液循环"和"呼吸"而是他的"意识"，换句话说，是人的脑神经，判定一个人死了，不是说他的心脏死掉或替换了，而是他的"脑死"了。由此，1968年，美国哈佛医学院特设委员会发表报告，把死亡定义为不可逆的昏迷或"脑死"，具体标准如是：第一，没有感受性和反应性；第二，没有运动和呼吸；第三，没有反射；第四，脑电图平直。并且要求对以上四条的测试在24小时内反复多次结果无变化。尽管哈佛的"脑死"标准也招致了激烈争论，比如说符合上述标准的不可逆昏迷病人有些血压、脉搏、呼吸还正常，那将如何处理？是否能宣布他死亡？另外，对于脑死的技术判定，是全脑死亡还是大脑皮质死亡？这些又存在着判定差异。问题在于，大脑皮质死亡的人，他作为人的意识基本已失去；但是，若依照全脑观点，对于那些不可逆的昏迷者、植物人等便会被认定还活着。

脑死标准固然存在上述细节争议，但总体上与"心死"标准相比，这是死亡判定上的"范式"转换，意义重大。细节争议部分，一方面反映了医学界的慎重，另一方面也反映出现代社会人道标准的考量，比如说脑死判定者，对于器官移植的时机选择问题，对于病人家属的治疗期望问题；大致有了死亡的判定，对于病人的治疗方案便会有不同的选择。自然，实际情形中，还要考虑病人自身的实际状况和所在医院的救治能力与家属的具体条件。但是，从一般层面来讲，"脑死"标准的提出，照顾到了病人、家属与现代救治技术的综合因素，也隐含着现代社会对"人"对"自我"认识的深化。

三、安宁疗护的提出与生命尊严的寻求

（一）安乐死的伦理争议

"安乐死"原意为"好死""无痛苦的死亡"。现代语境的说法是有意

引致一个人的死亡作为提供给他的医疗的一部分，有时也翻译为"无痛苦致死术"。比如《牛津现代高级英汉双解词典》对"安乐死"的界定是"患痛苦的不治之症者之无痛苦地死亡；无痛苦致死之术"。

我们可以看一个案例，这被称为我国首例安乐死诉讼案。1986年汉中市夏素文女士患肝硬变腹水、肝肾综合征住进汉中传染病医院。当天，医院发出了病危通知，随后几天常规治疗，病情恶化，患者疼痛难忍；其子王明成知道病情无救，又不忍母亲受此折磨，母亲曾呼喊寻死，他多次找院长和主管医生，请求采取紧急措施让母亲无痛苦死去；院方不肯；王又多次请求，并说可以在处方上签字，最后院方同意，为夏女士注射100毫升复方冬眠灵，6月29日凌晨，夏素文去世。

这是现代社会语境下比较典型的安乐死个案。第一，不治之症；第二，痛苦难忍；第三，医疗措施干预下无痛苦结束生命；第四、病人或家属有意于此。当然，上述诉讼案的复杂在于王的大姐和二姐由于一些费用纠纷将医院告上法庭，在安乐死不合法的背景下，法院受理此案。法院的判定也颇有争议，认为院方和王属于有意结束人生命，剥夺公民生命权利，但是考虑其情节，不构成犯罪。不得不说，此一判案兼顾了法理和人情。我们看到，安乐死方案不同于谋杀，但是又确实属于剥夺生命权的行为，正是此种争议性，让安乐死在现代社会得到更多的关注。

如果对于具体的个案，我们尚可以做出某种判定的话，那么，对于安乐死一般议题的讨论便极为棘手。第一，就病人自身来讲，他主动提出安乐死，医院是否有此义务？第二，对于昏迷病人来讲，家属是否可以代替他提出安乐死申请，医院是否可以接受？第三，对于以救治生命为天职的医生来讲，通过医疗措施结束生命是否应该？第四，人们是否有死亡权？如上争议，我们还没有考虑那些特殊情况，比如绝症病人误诊或奇迹恢复的状况，那么安乐死对他们无疑是自杀失当；再比如，一些等待器官捐赠的人期待更多的安乐死供体；家属为免除救治负担积极参与安乐死申请；安乐死立法的技术性难题，什么情况是允许的。就一般的层面来讲，如上四个疑问，构成了安乐死争议的主要核心议题。尤其是，人们为了生命的尊严而选择死去，是否可以？若生命不是一个义务，那么是否可以说人生有选择死亡的权利呢？若没有放弃的权利，那意味着生命是项义务，生命权的说法很难成立——我们一般的了解是权利是可以放弃的，不能放弃的权利只是义务的变相表达。这个问题我们在自杀议题中还会进一步展开。

就一般层面来讲，我们将安乐死分为基于自由意志的自愿安乐死和非自由意志基于家属意愿（主要指无法表示意见的病人，比如植物人）的非自愿安乐死。在具体执行上，我们又分为积极安乐死和消极安乐死。第一，基于自由意志的消极安乐死。比如拒绝接受进一步治疗，或非常规性冒险方案。第二，基于自由意志的积极安乐死，比如主动提出申请希望医生协助仁慈杀人，无痛苦死去。第三，基于非自由意志消极安乐死。比如对于残障新生儿或植物人停止治疗。第四，基于非自由意志的积极安乐死。比如仁慈杀死无行为能力残障婴儿或植物人等。

一般情况下，消极安乐死，我们会比较认可。比如对于绝症患者，没有更好的救治方案，身体器官慢慢衰竭并在痛苦中死去；比如残障婴儿不采取积极进一步救治方案。但是，若主动注射冬眠灵等如上面的案例，或者主动拔掉植物病人的饮食管，这就令人难以容忍。其实，二者结果都一样，只是在行为方式上，是主动仁慈杀死或者是被动的等死。问题是，提倡积极安乐死的人质疑在于，与其看着他们在痛苦哀嚎中受尽折磨而死，何不送上一程，请他们安心上路，无痛苦有尊严地离开，难道不是最后的人道关怀么？比如知名的C. Everett Koop，他是支持所有婴儿都应得到治疗的坚定支持者，但是，他也认为用以维持生命的治疗不适应于这三种情况：第一，婴儿天生没有大脑；第二，大脑严重出血，以致离开呼吸机无法生存，并且永远无法辨认他人；第三，婴儿的消化道严重发育不全，以致只有通过静脉滴注营养品才能维持生命。与其让他们在饥饿中慢慢死去，不如积极采取措施让他们无痛苦地静静离开，这不更人道吗？积极安乐死，在一些个案里，我们确实看到了它的合理合情处。可问题在于，积极安乐死方案是个一般性措施，一旦认可，任何的绝症患者都有可能被待之以积极安乐死的方案，但是，积极安乐死又无法作为一个普遍化手段予以执行。这是问题所在。

安乐死问题折射出现代医疗困境，一方面人们对于人类机体有着更深入的认识，对于病理结构有着更清晰的了解，对于病症诊断有着更明确的说法。另一方面，在治疗技术上又往往满足不了人们的期待。对人更加看重，但是，技术的限度让人也备感无奈。一方面是维持植物人数十年活着的医疗技术，另一方面是数十年也无法使之清醒的无奈。这在传统社会是不存在的，一方面没有现在发达的急救技术也没有健全的维护技术。所以，死去或活着不是太多争议的问题。在现代社会，提供了更多的救治可能，但是，对于更多可以维持却无法救治的病人则显得无能为力，此种活着实际上是死去的病人长时间的存养，一方面让人看到了现代医疗技术的发达，另一方面也让人看到医学的尴尬——生和死变得棘手。

有这样的技术不用，似乎不人道；用这样的技术，又没有进一步的救治方案，似乎更不人道；插上呼吸器维持生命是令人欣慰的，但是，若没有进一步救治方案，谁来拔下呼吸器？这是现代医学科技发达下的伦理难题。之所以如此困难，就在于这不仅仅是个技术争议，而是一种人心伦理的分寸感把握。到底什么是对一个人的尊重？什么是对病人的关爱？技术上讲，许多个案，我们知道绝症的确诊，但主动仁慈杀人，我们却很难做到，这也正是上述王明成案的纠结所在。自然，很不幸的，王明成先生后来患了胃癌，他也主动提出了安乐死请求，尽管他表示"若有可能期待继续治疗"的心情。所以，安乐死不仅仅是个技术争议，医院要不要协助的问题，关键在于对于绝症患者，我们当如何善待的问题。许多情况下，即便是病人自身，也知道将无法救治，但是，问题在于在此绝望的边缘，除了安乐死方案之外，无论是对病人自身、对病人家属，医院是否还可以提供其他更人道的关怀或服务？我们并不苛责医生对绝症的无能为力，但我们可以期待在人性绝望的边缘看到人道主义关怀的曙光。

（二）安宁疗护：临终病人的另种关怀

什么是临终关怀（hospice）呢？它指的是对临终病人身心灵的照顾与呵护，最初发端于西方，主要是协助临终病人缓解痛苦、赎罪悔改，最终灵魂得救。其主要特征表现为：第一，大致确定临终时限比如6个月以内或更少，医疗救治无效，呵护身心灵与医疗适当救助；第二，主要目的在于缓解病人疾病痛苦、心理孤苦绝望感与灵魂得救；第三，在以上基础上不过度投入医疗进行无效救治，协助病人平静、尽量少痛苦地安详离开。

临终关怀（HOSPICE），最早可以追溯至12世纪，当时有许多朝圣者，慈善者为这些辛苦的朝圣者建立了许多沿途供休息、充饥、养病的驿站。约在1879年，都柏林玛莉·艾肯修女将其修道院主办的Hospice用作专门收容癌症和末期病患的处所，以宗教的爱心来关怀照顾他们。1905年，伦敦圣约瑟安宁疗护机构也改为专门收容癌症末期的病患；1967年，西西里桑德斯医师及其同仁在伦敦郊区共建圣克里斯托弗安宁疗护医院，其后其他西方国家相继开展了临终关怀服务[①]。我国台湾地区和香港地区也陆续有类似的医院与服务，一般翻译为"宁养服务""善终服务"等，这里翻译为"安宁疗护"。

基于上述临终医院的实际运作与宗旨，如同徐宗良教授所分析，目前的临终关怀，主要是向临终病人及其家属提供包括医疗、护理、心理和社会等各方面的照护，使临终病人的症状得到控制，痛苦得到缓解，生命质量得到关照，生命受到尊重。同时，病人家属身心健康也能得到关照，最终使病人能无痛苦、无遗憾、安详或舒坦地告别亲友与人世。临终关怀的性质要求医护人员一方面要掌握控制、减轻病人疼痛的高超技巧，另一方面要具备抚慰病人因孤单、怕受遗弃、怕被视为家属负担以及心愿未了等所导致的心理问题的本领，以防止病人沮丧、抑郁、寻求自杀等情绪的恶化。临终关怀的一个主要特点是，既不盲目地投入大

---

① 郑晓江.生命教育演讲录［M］.南昌：江西人民出版社，2008：225.

量医药、设备去救治回天无望的病人，也不简单草率地处置病人。①

这里我们可以看出，临终关怀在缓解痛苦、安详死亡方面与安乐死的初衷是一致的。但是，在对待临终病人的方式则与安乐死不同，即便是消极安乐死，二者也不相同，区别就在于，临终关怀更多考虑到患者作为"人"的一方面，这就包含身心灵的全人呵护，而且包括对病人家属的关心、缓解，安乐死的侧重点在"病"的无望上，因此寻求一个结局上的无痛苦。但是，人和病都是一个过程，而且病人是处于人伦关系中的；身体的病痛固然是可怕的，但那种心理的疏离感、绝望感，更值得关注。

临终病人的特点就在于：就病的一方面讲，已经走入死胡同，但人还活着，人心还需要呵护和安慰，而且对人心灵的照顾此时比对"身体"的照顾更重要。我们知道，一些心理调节好、心志坚强的人往往有"复活""痊愈"的奇迹，这也说明对于临终病人的心灵照顾更加重要。所以，在安乐死方案极具争议的情形下，我们更看重临终关怀的安宁疗护方案。

安宁疗护的具体实施，基于日常生活伦理学的视角，我们需要看到，人是人伦关系中的人，生命处于人伦之网、意义之网中。因此，对病人，尤其是绝症患者，不仅是要看到他的"病"，更要看到他的"人"——一个有生命的人，一个还在生活之网中的人。

这样，我们对安宁疗护的界定为：

第一，对于临终者而言，身体病痛的缓解自然是首要、最直接的协助。另外，身体容貌之整洁、衣冠之条理同样也在关心范围之内。人难免有死，但是，体面安详地离开是人性最后的光辉。其次是心灵的呵护，要考虑到临终者的信仰因素，不同的信仰习俗、要求；要合乎其信仰诉求地给予灵性沟通、和解与照顾。另外，心的安慰，无论是对绝症的介绍、病友的分享、家人的不离不弃，还是对病人自身心理的开导、抚慰、

---

① 徐宗良.面对死亡：死亡伦理［M］.上海：上海科技教育出版社，2011：55–56.

沟通都是必要的。这就包括医疗救治的不过度投入。

第二，对于病人家属的开导和安慰。许多医院限于财力无法照顾到病人家属的心理重创。但是，对于安宁疗护医院来讲，其主旨不是医疗疾病而是呵护身心灵，那么其侧重上便应更多关心病人及其家属的身心灵沟通问题。事情只能循序渐进，但是，将病人家属的痛苦提上呵护日程是必要的。比如说建立病人家属联谊会，不仅利于病友的沟通分享，也利于病人家属的沟通缓解，医院方面只是提供某种引导。

第三，安宁疗护的对象包括临终老人、绝症患者、植物人和先天致命性疾病的婴幼儿。

四、在安宁疗护中建构人性尊严

自然，临终关怀只是对于临终病人的一种人道关怀，或者说对于安乐死争议的某种程度化解，其自身的困境同样明显。第一，临终时间如何确定？生命是有机体，许多患者其临终时间只是个约数，很难确定从何时起是最后6个月。第二，缓解痛苦与不盲目投入大量医药设备救助，这也是个很难把握的度，对于有些个案可以实行，但是对于其他一些个案，比如植物人，依靠现有的发达技术，可以常年维持其"活着"，而且，患者没有意识，身心灵的呵护更多只能限于身体安抚上，对于这些个案，安宁疗护也无能为力。第三，财力物力限制。医疗资源固然有限，但是生理性的治疗属于技术性工作，易于操作，包括许多医疗设备的使用。而身心灵的全人呵护则需要因材施教，个别面对面引导，心理状况、信仰状况、人伦状况都不同，一般的安宁医院很难具有这样的人力去切实执行。

固然，临终关怀服务有如上难题，但是，我们还是可以看到现代医疗服务的多元与人性曙光的显露。如同上面讨论死亡标准时，我们不仅看到人道标准的贯彻，更看到人们对于"人"自身认识的深化。而临终关怀也让我们看到，现代医疗服务，不仅关注人的病，更关注病的人，他是处在人伦之网、意义之网中的，他是有生命的个体，他是活生生的人，他还有他的生活，这样对其医疗服务，就不能单单侧重在"病"上，还要对其身心灵有全人的呵护。在实施手段上，确实会有许多的障碍，但是，此种理念的转换，也确实可以看出现代医疗服务的进步与人道关怀的进一步落实。人总是要死的，但是，如何去死、以何种方式善待临终者，这或许是对任何人最后一步的尊严维护和人性尊重。

第三章

安宁疗护中的生命尊严维护何以可能？

安宁疗护之所以值得重视，其中一个理由在于生命的不可逆性，对于其他阶段的"生命体"而言，我们做错了，可以向他道歉，请求原谅；我们可以将功赎罪，做出补偿。但是，对于安宁疗护的服务对象而言，这样的时间和空间都极为有限——许多不当处理，是遗憾终生而无法修补的事情。正因为这样的特殊性，所以我们只能慎之又慎，呵护不仅要用心，而且要有一定的知识、技能和技巧。说白了，安宁疗护需要智慧。另外，安宁疗护的特殊性在于，有些服务对象，他有感受，但是难以言表。这样，我们的不当疗护给他造成的痛苦他全部承受，但却无法说出，这同样值得警惕。安宁疗护的一个误区在于，我们常常以"爱的名义"给所爱的人造成难以言表的伤痛，并可能使之身心俱残。

一、为何要关注"安宁疗护中的生命尊严"问题？

这里面还有一点需要说明，在此的"安宁疗护"，主要针对"重症患者"的身心灵呵护。但是，这里所秉持的理念——尊重生命、服务意识、互动沟通则是共同的。换句话说，这些理念，不是某些人的专利，而是大家的共同需要，不仅需要以此对待其他人，同时也期待以同样的方式被对待。因为，我们尝试提出首先是"人"，然后才是"病人"的界定。也就是侧重首先去尊重一个"人"，而非将他界定为"病人"再来尊重或呵护。这就包含了对"人"的尊重，这样才有尊严可言。

同样这里的"生命尊严"也不仅仅是"重症患者"的专利品，不是首先由医生宣布他为"重症患者"，在医疗手段有限的情形下，医护人员在想方设法赋予其"生命尊严"，好像是病人的特供一样。"尊严"是大家的必需品，而且，恰恰是在善待、尊重他者中自行获得。所以，安宁疗护中，不仅涉及"当事人"的生命尊严，同时也涉及医生、护士、家属、亲友的生命尊严，倘若我们只为了维护"当事人"的生命尊严，而无法保证医生、护士的尊严，在我们看来也是不完整的，甚至是有遗漏的，这样对于当事人"生命尊严"的维护可能是一种抹黑和污损。同样，家属和亲友在如何对待"当事人"以及医护人员也是一个"尊严生成"过程，诸多的"医患纠纷"，一方面让部分医护人员名誉扫地、甚至性命不保，同时也可以看出部分家属的行为并未以恰当的方式赢得尊严和大家的尊重；另一方面，对于逝去的当事人，若他地下有知，他大约不会认为他的离开是体面的、有尊严的。所以，"生命尊严"是个同一网络中共生共长的精神形象，一来它是开放的，二来它源自对待他人的行为方式——通过善待他者，为我们赢得尊严；事情是自己做的，尊严是他人给的。所以，"当事人"的参与互动是必要的，否则，一切行为若出于医护人员代理，那么，其"尊严"只是象征性的。

（一）鲁迅的后悔

鲁迅在散文集《朝花夕拾》中有篇《父亲的病》。在这篇文章中，鲁迅为了父亲的病寻医问药，其中在与"名中医"陈莲河周旋中发现其药引很奇怪，"最平常的是'蟋蟀一对'，旁注小字道'要原配，即本在一窠中者'，似乎昆虫也要贞节、续弦或再醮，连做药资格也丧失了。"

> "然而还有一种特别的丸药：败鼓皮丸。这'败鼓皮丸'就是用打破的旧鼓皮做成；水肿一名鼓胀，一用打破的鼓皮自然就可以克伏它。清朝的刚毅因为憎恨"洋鬼子"，预备打他们，练了些兵称作"虎神营"，取虎能食羊，神能伏鬼的意思，也就是这道理。"

然而终于还是没有疗效。

> "不肯用灵丹点在舌头上，又想不出'冤愆'来，自然，单吃了

一百多天的'败鼓皮丸'有什么用呢？依然打不破水肿，父亲终于躺在床上喘气了。还请一回陈莲河先生，这回是特拔，大洋十元。他仍旧泰然地开了一张方，但已停止败鼓皮丸不用，药引也不很神妙了，所以只消半天，药就煎好，灌下去，却从口角上回了出来。从此我便不再和陈莲河先生周旋，只在街上有时看见他坐在三名轿夫的快轿里飞一般抬过；听说他现在还康健，一面行医，一面还做中医什么学报，正在和只长于外科的西医奋斗哩。"

这样鲁迅便对于父亲的"安宁疗护"问题产生了一些感想，他说：

中西的思想确乎有一点不同。听说中国的孝子们，一到将要"罪孽深重祸延父母"的时候，就买几斤人参，煎汤灌下去，希望父母多喘几天气，即使半天也好。我的一位教医学的先生却教给我医生的职务道：可医的应该给他医治，不可医的应该给他死得没有痛苦。——但这先生自然是西医。

父亲的喘气颇长久，连我也听得很吃力，然而谁也不能帮助他。我有时竟至于电光一闪似的想道："还是快一点喘完了罢……"立刻觉得这思想就不该，就是犯了罪；但同时又觉得这思想实在是正当的，我很爱我的父亲。便是现在，也还是这样想。早晨，住在一门里的衍太太进来了。她是一个精通礼节的妇人，说我们不应该空等着。于是给他换衣服，又将纸锭和一种什么《高王经》烧成灰，用纸包了给他捏在拳头里……

"叫呀，你父亲要断气了。快叫呀！"衍太太说。

"父亲！父亲！"我就叫起来。

"大声！他听不见。还不快叫？！"

"父亲！父亲！！"

他已经平静下去的脸，忽然紧张了，将眼微微一睁，仿佛有一些苦痛。

"叫呀！快叫呀！"她催促说。

"父亲！！"

"什么呢？……不要嚷……不……"他低低地说，又焦急地喘着气，好一会，这才复了原状，平静下去了。

"父亲！！"我还叫他，一直到他咽了气。

这是一个极其真实的情境复现，然而鲁迅却说：

> "我现在还听到那时的自己的这声音，每听到时，就觉得这却是我对于父亲的最大的错处。"

这是极其值得留意的"安宁疗护"反思与后悔，依照原有的习俗，是要喊，而且要"大声喊"，这才是"孝"。然而鲁迅独特的感受，是发现这样的"喊"极其残忍和不人道，给父亲带来了极大的痛苦，无法平静地离开。他甚至说"这却是我对于父亲的最大的错处"。问题在于，这样的错误，可以忏悔，可以痛苦，但是却无法得到原谅，因为父亲的死是不可逆的，谁也没有办法让亲人再安详地离开一次。

"鲁迅的后悔"其意义在现在、在他人、在我们。对于类似的情境，我们需要更加慎重，需要以服务对象为中心，尽可能减轻他的痛苦，同时尽可能为其心灵安宁创造条件。其实，鲁迅后来学医已经了解到部分安宁疗护的理念，"可医的应该给他医治，不可医的应该给他死得没有痛苦。但这先生自然是西医"。[①]

（二）院士的提醒

这两年我和一些志同道合的青年学者在召集生死学会议，很感谢能得到诸多学界前辈、医学界以及业界人士的支持。第一届"生死学研讨

---

① 以上引文参见鲁迅《父亲的病》，出自《朝花夕拾》。

会"正是以"中国当代死亡问题"为主题的，尤其是在与医学界、护理学界的接触中，使我了解到许多在日常难以看到的临终关怀个案。

2018年3月30日，在北大清明论坛上，安友仲医师《死亡之谜：从心肺死亡到脑死亡，以及濒死低温复苏技术的前景》和罗点点女士的发言都提到了类似情况。韩启德院士，也提到说倘若护理不当，我们可能是为了"当事人好"，比如盖被子，总怕他们冷，但是在有些情况下，给他们盖被，对我们只是一层被子，对他们可能就是"千斤重"的压力。这给我很深刻的印象，许多时候，我们只是出于自己的立场"为病人好""为他人好"，但是，若对其情境不够了解，此种"为他人好"的名义可能只是给他们带来更大的伤害。

问题在于，我们大多数人基本上都没有专业护理经验，甚至没有较为专业的保健常识，却在当亲友住院时，就很自然地从事了护理。倘若一位工作人员不经过护理培训就上岗，我们会感到不可思议；但是，我们自己常常就是不经过任何培训就进入了护理状态。在这样的情境下，医生的提醒、护士的示范，对我们就显得弥足珍贵，对他们是常识，专业常识，对我们则感到闻所未闻。比如韩启德院士的提醒至少让我们看到，对当事人的护理至少要对其状态情境有基本的认知，或者说不懂就问，多征求专业医护人员的建议，这样的护理才能尽可能减少病人的痛苦和压力。这也是在此倡导"安宁疗护"的基本理念。

下面我们看一位护士的反省案例。2018年我在编辑《第三届中国当代生死学论文集》时，有位护士提到对一位老人的护理，她由于深度参与，所以反思深刻，这令人印象很深。下面分享出来，供大家参考，如同上面鲁迅的反思案例一样，希望这些反思给与后来者更多智慧参照和选择自觉。

插管只为等待。常爷爷是我们的老病人，95岁，老慢支，每年会因为慢支急性发作住一次医院；老伴有轻度老年痴呆；有三个女儿，大女儿右腿股骨头坏死行动不便，二女儿长年照顾父母，三女儿在加拿大工作生活。2013年11月2日，常爷爷因急性胃肠炎住院，经抗炎、止泻治疗，胃肠炎症状缓解，后因误吸引起肺部感染致2型呼吸衰竭，于2014年1月8日患者呼吸衰竭进行性加重，到了气管插管。医生与老伴和两个女儿谈了气管插管的利弊，她们表示拒绝，不想老人受罪。老常渐渐进入昏迷状态，眼看着各项指标越来越差，医生再次征寻家属气管插管意见，女儿竟同意插管！因为她们想依靠气管插管延缓老人的死亡至三女儿回来。插管那天我值班，我一直在问自己，如果老人意识清楚，会做出怎样的决定？如果我老了，遇到同样的情况，我会忍受痛苦去等我的孩子吗？老人经过气管插管呼吸机辅助呼吸、抗炎等一系列治疗后生命体征平稳了，意识清醒，但仅可转动眼珠示意，对问题无反应。第三天，三女儿终于回来了，三个女儿在老父亲住院的日子里一直守护在老人身旁尽孝，爱在家人间流动，但代价是老人长期气管插管和呼吸机依赖。

对待老人要像婴孩般温柔。在三个女儿的悉心照顾和医务人员的专业照护下，常爷爷依靠呼吸机在一年的时间里病情平稳，那一年正值我休完产假回归工作，望着白发苍苍的瘦高老人躺在整洁的病床上，安详的神态像足了熟睡的婴孩。常爷爷的女儿们每天都会来跟父亲说话，按摩肢体，老人偶尔会眨眨眼睛，女儿们会因为老人的一个无意识的小表情兴奋一整天，如同母亲看到刚出世的孩子每个动作都是惊喜。人在刚出生的几年里需要母亲和家人的悉心照料才能健康成长，走到人生的最后时期更需要家属和医护人员关注，多少子女对待父母会用对待孩子一样的耐心认真？对于那些经济、人力和社会支持都不够的家庭，老人们最后的日子过得怎样？

救得对不对。常爷爷在使用呼吸机的后期发生了两次气胸和大面积皮下气肿，最多时身上带有胃管、尿管、左右胸腔引流管、气管插管、中心静脉置管，每一次呼吸对于他都是痛苦的体验。于我们护士而言，每一次生活护理都殚精竭虑，需考虑导管滑脱、导管堵塞、导管相关性感染、压疮、黏胶性皮肤损伤、疼痛等问题。有一次翻身我看到老常一直紧皱的眉头，不禁反思，我们这些以治病救人为己任的专业人士治疗护理的目的是什么？结果又怎样？现实是，为了维持常爷爷的肉体却把他领进痛苦的深渊！这不是医疗护理的初衷！这样救治病人到底对不对？

死亡是爱的终点。时间在吞噬着生命的量尺，常爷爷肺功能的恶化让他依靠呼吸机都无法维持正常的血气指标，老人的老伴和三个女儿决定不再进一步治疗，2014年12月22日16时58分，老人的心电图呈直线，生命之火熄灭了。常爷爷在我的夜班带上呼吸机，348天后在我的班上摘掉了呼吸机。我帮老人擦身穿军装，送走了老人的遗体，告别了一直陪伴老人走完最后一程的家属，我的心里久久难以平复。死亡是爱的终点，我的道别和道谢希望常爷爷能听到：感谢您让我们看到了生命的模样/它是那样的脆弱又刚强/我们不仅要呵护更要敬仰/感谢您让我们感受到爱的力量/它是那样的细致又绵长/我们分分钟都要落到行动上/感谢您让我们学到了技能/它会让我们更好的救死扶伤/难忘这415个日日夜夜/难忘按时翻身喂药看管路/难忘二姐（二女儿）那一声声的催泪的老爸爸/常爷爷一路走好/安然天堂，再无苦痛。

如果常爷爷在昏迷前做了生前预嘱，是不是我们医护人员就能少一些纠结与不安？家属能更坦然地面对亲人离世？随着时代的进步，符合社会规律和自然规律的更加理性的生死观被人们接受，当孝道能充分考虑个人的生命尊严，国外的安宁缓和医疗理念能内化成适应中国文化的安宁缓和医疗技术，那死亡会真如秋叶之静美。①

这篇出自护士手笔的反省、疑问与良心叩问给我很大触动。她对服务对象有着真挚的情感，作为专业护士看到此种处理给当事人带来了更多的痛苦，而且她还看到"生前预嘱"（本丛书之四《准备与道别》会专题讨论"生前预嘱"），并且看到传统孝道与现代"安宁疗护"理念

---

① 刘佳. 常爷爷的最后一次住院［C］. 第三届中国当代生死学论文集（未刊稿），2018.

的冲突，比如为当事人插管，可能不是为了当事人考虑，而是为了等待国外亲人的归来。但是，痛苦则是当事人需要体验的；而且，一旦插上管，何时拔管就是个更为复杂的问题，至少对于有些服务对象而言，这种"难以言表"的痛苦体验是持续的、难以终结的。但是，在医护人员看来，心疼，太心疼了……

如同前面鲁迅回忆自己父亲临终的情形一样，他更希望父亲安详平静地离开，这才是对父亲最大的尊重和尊严维护。本案例的护士也是怀着同样的善意考虑。而且，她还意识到当事人的"生命尊严"，其后记也发人深省："如果常爷爷在昏迷前做了生前预嘱，是不是我们医护人员就能少一些纠结与不安？家属能更坦然地面对亲人离世？随着时代的进步，符合社会规律和自然规律的更加理性的生死观被人们接受，当孝道能充分考虑个人的生命尊严，国外的安宁缓和医疗理念能内化成适应中国文化的安宁缓和医疗技术，那死亡会真如秋叶之静美。"

尽管，我们都不认识的这位常爷爷，经历了348日的插管生活，但是从刘佳护士的反思，我们可以看出这是常爷爷与她共同完成"生命尊严"的书写。常爷爷所经历的插管痛苦，经过刘佳护士的笔端，让我们看到生命的坚韧与不易，常爷爷是令人敬重的，刘佳护士也是令人敬重的。当然，这里也应提到罗点点女士及其团队近些年致力于推广"生前预嘱"计划，刘佳护士也反复提到"生前预嘱"的必要。作为护理人员，他们的此种认同，是值得我们深思的。同时，我们也确实需要慢慢树立现代的"生死观"，安宁疗护，尊重服务对象体面安详地离开才是优先选择。当以"服务对象为中心"坚持安宁疗护理念。

（三）医患的悲剧

关于"生命尊严"的问题，这里我还想提一下"医患纠纷"问题。因为，前面已说过"尊严"是大家共同需要的，是共同的理想目标。我们不仅仅需要为"服务对象"维护"尊严"，同样医生、护士包括亲友家属也需要考虑尊严问题，倘若这些人的"生命尊严"难以维护，当事人的"生命尊严"同样也无处安放。在"生命尊严"之网上，有你我他；换句话说，是医护人员、当事人、亲友家属共同建构着"安宁疗护"的"生命尊严"之网。然而，有个现实我们无法回避，医患悲剧层出不穷，在这样的冲突中，"当事人"的安宁疗护还有可能吗？

2018年5月4日，在南京鼓楼医院召开的第二届中国医患关系高峰论坛上，相关专家的讨论以及数据披露。

八成医院都发生过严重的医患纠纷。2017年7月，因自认为治疗效果不佳，一患者将天津市第三中心医院超声科医生砍伤；2017年2月，时为江苏省人民医院肝脏外科专家孙倍成教授被歹徒刺伤；2016年5月，广东省人民医院口腔颌面外科刚退休的主任陈仲伟被曾经医治的患者砍了30多刀，最终救治无效身亡；2014年，徐州丰县一医生被患者砍死……据统计，80%的医院都发生过病人及病人家属殴打、威胁、辱骂医务人员，76.67%的医院发生过患者及家属在诊疗结束后拒绝出院且不缴纳住院费。

国家卫健委医政医管局相关人士在论坛上公布最新数据：2000年以来，医疗纠纷呈现数量连续递增的高发态势，2002年至2012年的十年间，全国医疗纠纷数量增长了10倍，2013年达到12.6万件。2014年起，医疗纠纷开始呈现逐年下降态势，至2017年底已累计下降20.1%。不过，该人士认为，一年超过10万件的医疗纠纷仍十分惊心。

八成医患纠纷缘于非技术原因。来自中国医师协会公布的《医患关系调研报告》显示，在频发的医疗纠纷中，因技术原因引起的占比不足20%，其他80%均缘于服务态度、语言沟通和医德医风问题。"很多医生都希望就诊过程中能与患者充分沟通，但很多时候他们忙得头都抬不起来"。论坛上，一位专家表示，患者过多集中于大医院的无序就医格局是导致医患矛盾的最重要原因。国家卫健委医政医管局公布的最新数据显示，近年来，中国医生的医疗服务数量持续增长。2011年，全国诊疗人次为62.7亿人，2016年的诊疗人次则达到79.3亿人，2017年超过80亿人次。住院量也是持续上升，2011年的住院人数为15298万人，2016年则是达到22728万人。

"我院日均门诊量在1.2万~1.3万，医生从上门诊到下门诊几乎没有休息的机会。"鼓楼医院党委书记彭宇竹举例告诉记者，该院风湿免疫科门诊著名专家孙凌云坐诊全天专家门诊时，一天的患者量超过140个，就在前几天，他结束门诊已是晚上9点多。参加论坛的甘肃省卫计委副主任金中杰表示，医患纠纷的产生表面上表现为病人对医护人员、医疗服务不满意，是疗效问题、经济问题，是信任危机，其实其本质是文化、教育错位。他曾对黄金时段37个电视频道进行过一个统计，放抗战剧的有12个，武打、警匪的有6个，生活类有11个，而提高人文修养的影视作品太少。他还指出，当下政府对医疗卫生行业经费投入不足的情况下，经济收入是各级医院院长首先要考虑的头等大事，"虽然现在有些地方宣布不把经济指标作为医院的考核内容，但院长们心里都明白，经济收入还是硬杠杠，这必然导致医院、医生出现逐利行为，医院规模无限扩大；大处方、大检查、滥用药的出现也就成为必然，这都加剧了医患矛盾。"[①]

这些问题是值得深思的，倘若只是在医疗技术细节上讨论"安宁疗护"问题，而不考虑这些"医患冲突"，恐怕是无法心安理得的。换句话说，在"医患冲突"的局面下，"安宁疗护"成了一个桃花源式的理想。所以，倘若期待维护当事人的"生命尊严"，我们必须同时考虑到他人，包括医生、护士及相关他者的"生命尊严"甚至"人身安全"，否则，"安宁疗护"无法预期，更难以实现。

综上我们看到，鲁迅的案例让我们反省传统习俗对于临终者的"不舍"，但考虑到带来的"痛苦"与"不安"，我们认可鲁迅的说法，让父亲平静地离开才是最大的尊重，无论何种方式，都是一种真情的流露。但是，问题在于真情流露的方式应当克制和自觉，而且要有明确的判断标准，不能是为了自己的情感宣泄，而应以当事人的临终体验为准——我们克制眼泪，并不意味着我们不会哭，而是宁愿当事人平静安详地离

① 仲崇山 . 80% 医院有过严重医患纠纷！一年超 10 万件！听业内大咖们怎么说……［EB/OL］. 新华报业网，http://js.xhby.net/system/2018/05/06/030825171.shtml. 2018-05-06.

开；我们不去喊，并不意味着我们不想挽留，而是尊重当事人平静离开的方式。有时候，压抑自我情感才是善待他者的方式；为尽可能减轻当事人的痛苦，有时候我们不得不忍受内心的痛苦。强颜欢笑有时候也是建构逝者"生命尊严"的方式。在这一过程中，我们不仅共享"生命尊严"，我们也共建"生命的神圣与庄严"。

韩启德院士的提醒，让我们看到真实了解当事人情境的必要性，盲目照顾，往往适得其反；刘佳护士的案例则让我们看到，在呵护老人的方式上，无论当事人自身还是儿女们，都有很多有待深思、改善的空间。假如常爷爷可以选择，他或许会有另一种考虑。他已离开，无法选择，但对于我们后来人，确实有很多选择机会。问题在于，许多时候我们只是在事到临头才手忙脚乱。对于"死亡"问题，我们往往没有任何预备和反省。这样，盲目选择，往往只是带来更多的伤害，基本的常识尚不能维持，何谈"安宁疗护"呢？

关于医患冲突同样值得留意。在此谈"安宁疗护"，但是，倘若忽视如此庞大的"医患冲突"格局，自我封闭起来谈"安宁疗护"和"生命尊严"，恐怕是不切实际的。当医生和护士在安全堪忧时，我们去追求病人的"安宁疗护"是困难的。而且，我们需要看到，在"生命尊严"之网上，挂着当事人，挂着我们，也挂着医生和护士及所有相关者。"生命尊严"是大家共同建构的结果；而且，只有尊重他者，善待他者，我们才能赢得"生命尊严"。在"安宁疗护"中，忽略了这个环节，生命尊严终究是个人愿景，一厢情愿。

二、如何在安宁疗护中维护"生命尊严"？

如果说上面的论述以及个案分享让我们看到安宁疗护的重要以及

"生命尊严"的难能可贵，那么，下面我们将试图汲取上述教训，尽可能吸收医生、护士的专业建议，在"安宁疗护"理念的指引下，共同建构"生命尊严"之网，尤其是当事人的"生命尊严"。因为限定以"当事人"为中心，尽管我们同样也应考虑到医生、护士、亲友家属的"生命尊严"，但是侧重上，是为了当事人"生命尊严"的达成。

关于安宁疗护对象"生命尊严"的达成，我们应考虑到四个方面，即伦理层面的知情权与人格尊重、医疗层面的互动沟通、护理层面的心灵信仰呵护、分享层面的心灵和解等问题。这四方面的共同点在于对"心灵"的看重，无论是人格尊重还是互动沟通，无论是信仰呵护还是心灵和解，这些都是关于疗护对象"人心"的问题。如果说，医疗的侧重在于生物性身体的病态修复、制止或舒缓，那么安宁疗护的侧重则在于人心的尊重与内心安宁的达成。下面我们先看一下伦理层面。

（一）伦理层面：知情权益与人格尊重

首先是对于疗护对象医疗诊断的诠释。比如，医生给出了某种类似于"临终症候"的诊断，我们一般都会将其视为"坏消息""噩耗""晴天之霹雳"。由此而纠结于是否将此"坏消息"传达给当事人，进一步会出现更加纠结的"知情权益"问题。一方面，他是当事人，有知情权；另一方面，又怕这种"坏消息""噩耗"加重他的病情。因此，一般亲友家属，在此阶段就陷入了心理纠结甚至近于"崩溃"的边缘。自然，各个情境不定，有些更严重，有些则无足轻重。

问题在于，一旦陷入这种"心理纠结"，我们会发现，疗护的重点便不再是"安宁疗护"而是纠结化解。这时候亲友护理者的内心都是诚惶诚恐的，所以很难想象他会给予服务对象一种"安宁""平静""慈善"的护理品质，就如同当医生、护士整个人都是焦头烂额的，一样很难想象他的医护品质能达成"安宁疗护"的目标。很多时候，我们只是注目于服务对象本身，而忽视了服务者和服务对象的互动共建层面。我们尝试以"服务对象为中心"，只是以其为判准和目的，并不意味着应忽视甚或认可损害医护人员、亲友家属的生命尊严。同样，我们期待达成服务对象的"安宁疗护"效果，但并不意味着应忽视甚或认可损害医护人员、亲友家属的心理状态。因为，那些正是与服务对象为中心相互配合的，当"中心"没有陪衬或辅助，也就无所谓"中心"了。

所以，所谓的"坏消息""好消息"只是一种人为的判定。我们当首先慢慢减弱此种"好—坏"的语词色彩，尽量回到"生老病死"这一基本的自然生命历程。换句话说，无论如何认定，人总是要经历"生老病死"这一过程。怀胎十月，到期不分娩，我们感到是"怪胎"；若人一直发育不长大成熟，也是可怕的；同样，若一个人不会老，依然不可思议。那么，每个人都会逝去、离开，为什么我们就不准别人"离开"呢？为什么认定"离开"就是坏消息呢？这些问题其实是需要我们大家共同思考的，我们对死亡缺乏练习、缺乏反省，却又无可避免，事到临头，无法逃避，所以只能手忙脚乱。与其那样，不如大家提前面对，练习死亡，谈论死亡。如没有对"死亡"恐惧心理的超越，内心是无法安宁的，生命尊严也无法获得。我们看到那种将生死置之度外者，面带微笑慷慨赴死、从容就义者，有种大义凛然的尊严气概；而那种在哭哭啼啼、颤抖乞怜中死去的，非要说他维护了"生命尊严"，总难让人心服吧。

安宁疗护的事情其实要有个预备期。无法等到医生宣判了我们再进入"紧急状态"。其实，生命就是死亡的练习，人的生老病这一历程就是慢慢在走向死亡的。只是这种"死亡练习"都是不自觉的，只是在医院里，我们才进入了自觉场景。

安宁疗护的核心问题之一在于对生命自身的自主和自觉。倘若一个人对自己的生活，对生活中的他者没有自觉的关爱、自主的反省，那么在面对自己的"临终"或"死亡"，要想获得"生命尊严"也是很难的。这里想说的是，"安宁疗护"其实不限于"临终期"，整个一生都是一个"安宁疗护"的过程，每一个阶段都需要心灵的"安宁"，不是只有生病了、临终了才需要。换句话说，若一个人一生都睚眦必报、锱铢必较、焦头烂额，只是躺到了病床上才尽力让他"安宁"，其实是很难的，或者意义不大。

在这里的主题侧重于"临终期"的"安宁疗护"，所以我们更多关注这一人生阶段。但是，我们还是应看到，"生命流程"如一条河流，我们只想截取一段，那是不行的。所以说，临终期"安宁疗护"的问题，严重性不在于技术手段和陪护技巧，关键在于服务对象整个的生命状态。这就造成了"诊断证明"传达的复杂性。要视人而定，因人而异。我们常说，有些人看得开，没事；有些人看不开，千万不能告诉他。这其实不仅是面对死亡的态度，更多是面对生命的态度。对于人的生老病死没有一种自觉，明明知道人都是要死的，但却无法接受自己也会死的事实。在这种情形下，知情权可能不是首要的问题，而是对当事人的人格尊重，无伤原则优先于知情告知。

但是，无论是看得开或看不开，无论是否当事人知情，想办法请他配合治疗都是必要的。而且，要给与某种希望，当事人的主动参与，更易达成"安宁疗护"的效果。在这一过程中，应当注意医患关系，这一点比当事人的"知情权益"更值得留意。一方面是当事人与医护人员的沟通、关系协调，另一方面是亲友家属与医护人员的协调沟通。亲友家属这时候心急如焚，总想问个究竟，总期待医护人员能更用点心，但看到的他们总是来也匆匆、去也匆匆，甚至焦头烂额、心不在焉。所以，难免怒火中烧，忍气吞声。这样的状态，任何一个导火索，都容易点燃爆炸。其实很多时候都是因为误解造成的。比如，对于生命历程的误解，我们不准"死亡"出现在自己或亲人身上；对于医生的误解，感觉他们来去匆匆，是心不在焉或不负责任。然而，如果看一下医生的生态处境的话，我们会发现他们处于高度紧张、超负荷运转中，他们只能那样，他们来去匆匆，无非是想将有限的时间和精力分配给更多的病人。亲友家属要多了解的不仅是服务对象的心理，也要更多了解医护人员的情况，了解多了自然才会产生理解；有了理解，彼此才会有沟通的意愿以及彼此宽容的雅量。为了当事人也应这样做，倘若没有这种沟通协调，医患冲突一旦发生，当事人的"安宁疗护"其实是很难达成的，那么处于医患冲突中的当事人，其"生命尊严"从何谈起呢？

（二）医疗层面：互动沟通与配合参与

我们习惯于做一个"被动的病人"，医生让做什么就做什么。但其实当事人的积极配合就是一种很好的治疗。而且，有当事人的积极配合才有"尊严维护"问题。毕竟，生命尊严并不像打点滴那样，慢慢输入我们体内。生命尊严源自我们自主的行为，无论是善待他者，还是善待自己，都需要自觉自主的行为。否则的话，很难维护"生命尊严"。比如说，植物人状态，亲友可以用心呵护，但更多维护的是亲友自己的尊严，很难说那是植物人自己的尊严。自然我们可以说，因为亲友的用心呵护，植物人比较"体面"地"活着"。但是，比如他提前有"生前预嘱"之类，不愿意停留在"植物人状态"，那么亲友和医护人员遵行这一"预嘱"，我们甚至可以说，当事人不仅"体面"而且"带着尊严"离开，大家只是遵从了他的自主性决定。

包括治疗分寸的把握，医疗手段的尴尬在于它不断在发展，而且种种宣传让我们沉醉于"科技万能"，给人以"飞速发展"的幻觉，然而医疗科技如何飞速发展还是无法满足人们的心理预期，尤其是无法及时回应生命各种状态的复杂性。所以，一方面我们期待医疗技术包治百病；另一方面，我们或者亲友又往往处于"无药可治"的临界状态。加上"生命维持技术"的发展，插管让一个人可以长时期地活着，或者说"无法死去"，这是一个更为棘手的问题。所以，治疗的分寸如何把握，成为当事人、亲友共同面对的一个难题。

我们总盼望奇迹，也确实有奇迹，但是奇迹之所以为奇迹，正在于其稀少而且不可预期。这样，就为治疗限度预留了一个缥缈的想象空间，也为当事人以及亲友家属留下了一个现实而又棘手的决断难题。这个也涉及当事人的自主意识，至少，有些情况下符合这一情境。前面我们提到刘佳护士的反思，或许"生前预嘱"对我们大家都是必要的，至少在我们清醒的时候，对于我们未来可能出现的问题，给出一种自主性的建议是必要的。这是对儿女的尊重，也是对我们自身的尊重。不愿意自己的身体在不经过自己同意的情况下随意处置，这或许也是一种生命尊严的维护。由此提前预备，便无后顾之忧，然后才有可能达成"安宁疗护"或"生命尊严"。我们可以尽力尝试在达成医疗手段与心理预期的中道平衡中实现自我的"生命尊严"。

（三）护理层面：心理安慰与灵性信仰

护理层面应强调"身心灵"的全人照顾问题。在临终期，固然减缓痛苦、延长生命，都是重要的事项。但是，更值得留意的，也常常为人忽视的是当事人的"身心灵"全人呵护问题，尤其是心理层面和灵性信仰层面。

人的可贵倒不在于其肉体生命，若从肉体生命去看，人与其他的动物很难分别。但是，人有心理，有思维，而且有信仰需要，这才是关键。尤其是在医院里，肉体的问题很大一部分交给医生和护士了，亲友家属也会尽力照顾好当事人的身体需要。但是，心理空间往往忽略了，尤其是灵性层面常常荒芜了。实际上，当人的肉体生病时候，更值得留意的是心理浮动和灵性渴求。

心理活动是复杂的，如何建立信任，聊天、沟通，做心理交流，在正常人之间其实都很难。我们常说，知人知面不知心，我们看到的只是他们愿意向我们呈现的样子，而他们内心的真实所想、苦楚、难言之隐，我们往往不知道。与当事人的心理交流倒不是一种隐私猎奇，或者心理窥探，而是一种"心理陪护"，是一种深度信任，然后深度分享，对当事人才是一种释怀和放松。这比打点滴、盖被子难多了。医护人员基本没有时间做这个工作，亲友家属或者没考虑到这一层，或者没时间、没办法。总之，这一层很重要却往往被忽略了。

当然，更复杂的倒不是心理，而是"灵性层面"，这比"心理活动"又更进一层。当事人的"灵性渴求"被忽视往往是因为各人对"信仰"有着不同看法，甚至是完全相反的看法。心理活动还是属人的，而灵性活动则有属神的一面。在不信神的亲友看来，当事人的灵性渴求可能是胡言乱语。这是极大的伤害，因为信仰对一个人往往是神圣的、不可亵渎的，而在别人看来不可思议，甚至反感。当事人处于被动状态，不想被亵渎，所以信仰层面只好隐藏得更深。这就需要亲友的宽慰、化解，更多应协助其实现。

（四）分享层面：心灵和解与慷慨分享

我们常常以为临终患者只是一个"被动病人"，似乎"病人"就应该是"被动的"。但是，问题在于，许多事情尤其是关于当事人的事情，只能由当事人自主决定或解决，也只有出自当事人自身的决定，才更有意义、更体面、更有尊严。比如心灵层面的恩怨化解与宽恕忏悔，身体层面的大体捐赠和器官移植，财产层面的债务处理与遗产划分。有些事情不能代劳，代理、代办只会减损其价值或意义。

心灵层面的恩怨化解与宽恕忏悔。各人的情境复杂，但是在情况允许的情况下，为当事人创造条件请他去做心灵和解是必要的。比如，兄弟姐妹之间的仇怨，有些一辈子不说话，但是临终了，要不要和解？有些好朋友发生了误解老死不相往来，如今要离开了，要不要和解？尤其是当事人有愧疚的事情，是否请他给予歉意表达和释怀说出？另外，对于有信仰背景的当事人，是否应协助其做忏悔告解？自然，我们可以代劳，比如事后代为道歉或忏悔。但是，代劳本身就减损了"道歉"或"忏悔"的神圣意义。许多时候，我们不是想听"道歉的话"，而是期待对方的诚意和姿态；不是想与对方一刀两断，只是想让对方作出某种心意表示。而代劳的话，这层意义完全减弱了。忏悔更是这样，那是心灵与心灵的沟通，是不可替代的。正因为不可替代，所以，人才有尊严可言。

身体层面的大体捐赠和器官移植。自己的身体自己做主，一般而言，倘若自己无意愿，亲友家属，尤其是子女晚辈很难将其作"捐赠处理"，一来犯忌，二来于心不忍。这个决定只能由当事人自己作出，也只有源自当事人的自主决定，这样的捐赠才凸显生命的尊严和神圣。而且，这个决定要提前作出，因为临终时，倘若神志不清，一来没有作出清醒决定的能力，二来大家很难认定，很难当真。包括器官移植的问题，比如说角膜捐赠，这些都需要提前处理好，因为相关技术人员还要把握时间上的有效性。这些都应源自当事人自己，而不能有其他人代劳，否则，容易引起非议甚至纠纷。

财产层面的债务处理与遗产划分。与当事人身体不同，财产方面是需要亲友家属共同完成的。首先，不能代劳，还是应出自当事人的自主决定。但是，亲友家属可以给出善意提醒，比如表现某种"恭俭让"，或者说照顾最弱小的兄弟。这让当事人会内心安慰。再比如，可以出谋划策，成立某种基金，用于慈善、救济或捐赠等，让当事人的遗产处理有着更好的去向。这样，才有意义。自然，前提是债务处理，若当事人清醒时就能主动完债，这是令人敬重的。据说苏格拉底去世前，就交待如何给邻居还债。傅雷夫妇共同离开时，也详细交代了雇工佣金、财务处理等事宜。这让人看到体面的人生、悠然而逝，以及伟大的人格尊严。

经由上述身心灵层面的安顿，我们可以看到当事人并非离去，而只是以另一种方式活着。其尊严令人敬仰，其体面令人追怀。这样，他不仅达成了"安宁疗护"，而且站在了众人之上。这样的人生，值得仰望和致敬。他不仅完成了"生命尊严"的守护，而且成了我们后人致敬、效仿的对象。

三、生命尊严的储存与预备

（一）"安宁疗护"之"尊严维护"是生命之事

前面我们已反复提到，"安宁疗护"是大家共需的，并不限于重症患者。意思是并非一个人未生病时不需要"安宁疗护"，躺在病床上了就急需要"安宁疗护"。我们想坚守这样的信念——安宁疗护是贯穿一人一生的，而且是大家可以共享的。在些我们侧重重症患者的"安宁疗护"，但是并不局限于重症患者才需要"安宁疗护"。同样的道理，在此侧重直面重症患者的"生命尊严"问题，但是同时坚守这样的信念：生命尊严贯穿一人一生，而且是大家共同建构的。

第一，"生命尊严"是大家共同参与的结果，倘若只有一个人，或只注目于一个人的"尊严"，那将毫无意义。因为没有他人参与，一个人无所谓"尊严"和"体面"。第二，"尊严"是生命之事而非死亡之事。"尊严"的获得源自善待他者的自主行动。我们看到《入殓师》中专业的"化妆技巧"，这固然凸显逝者离开时的干净、体面，但很难说"化妆可以赋予一个人尊严"。同样我们也看到史书中记载阿基里斯对赫克托尔的羞辱，但是赫克托尔的英勇善战还是为自己赢得了尊严，别人的羞辱并不能取走个人行为获得的尊严，正如同一个人邋遢猥亵无信无能，化妆师也无法为其赢得尊严一样。

所以，在此的"安宁疗护"尝试以"服务对象"为中心，尝试从习惯上的"被动病人"转换为一种"服务主体"，至少对于一部分"重症患者"应充分尊重其人格独立性和行为自主性。一旦他们的内心主动性被唤醒或被认可：第一，有助于他们身体疾病的治疗；第二，我们将会看到，他们可以通过他们的自主行动，赢得医护人员以及亲友家属的尊重。生命尊严只能通过他们自己的行动，尤其是善待他人的行动自主获得。而我们也应将服务对象作为"人"看待，然后才作为"病人"看待。优先意义上，他是一个应当得到尊重"人"，而且他是一个有自主性的"人"，只有认可这一点，其"生命尊严"才有来源和承载。自然，这是就一般理念意义上说的，下面我们会提到不同情境的复杂性。但是，即便面对没有自主能力的服务对象，只要其意识是清醒的，我们都应首先将其视为一个人来尊重。

（二）"生命尊严"之建构是庄严和神圣的

尊严是生命之事，"生命尊严"也是神圣的、庄严的。

若可以达成这样的共识，那么就意味着，"生命尊严"需要充分的心理准备、智力投入，自觉地反思学习和智慧品味。这件事本身就很复杂，我想请读者留意，在这娱乐化时代，确实有许许多多短平快的娱乐条目，琳琅满目的一次性消费，但是人生是复杂的、不易的，生命尊严是庄严的、神圣的，需要用心呵护和坚守的。在任何时代，生命尊严都是弥足珍贵的。这也是我们自觉守护、探寻的理由。

在这个意义上，我们不太认可将"临终阶段"视为人生的"谢幕"，似乎这是一个悲惨的颓然倒地、英雄末路的过程；相反，我们尝试提出，生命的告别期，其实是人生的点睛之笔。漫长的人生道路，这是一个需要认真的、有尊严地为自己画上句号的时候。没有这一笔，人生是漫无边际和不圆满的。只有用心将这一笔画出来，人生才是完整的。尽管我们看重这一"点睛"之笔，同时我们也认为，人生的其他阶段，比如说"龙体"的勾画、创造是重要的，倘无人生其他阶段的努力，"龙体"是残缺不全的，"点睛之笔"便无处安放，可能只是一个"点"而无法称为"睛"。

所以说，生命尊严是庄严的和神圣的，但并不意味着只是躺到病床上，人生才变得庄严和神圣；而是说，整个一生，尤其是在青壮年时就要珍惜生命的庄严和神圣，这样临至晚年，才好下笔。这也是前面说"尊严是生命之事"的真实意义。尊严是有生命的。"安宁疗护"的理念正是要恢复人生的自然面貌、生命的本然特质，这样才有尊严可言。

（三）"生命尊严"之维护当考虑现实问题的直接性和复杂性

最后，我们应看到"生命"作为有机体的复杂性，这也是生命的尊严和神圣之所在。之所以需要认真看待这件事情，正因为有机体生命是极为复杂的，很难找到一个实用手册，对每一种情况都有说明，按部就班就可以。很多时候，许多情境需要直接面对和灵活应对。尽管前面我们提了一些相关理念，但是，针对具体的"安宁疗护"情境，只能用心琢磨，这里没有包治百病的灵药，尽管在医院里，对不同的病人，可能走的流程、用的药大致是相同的。

而对于人心的事情，则只能因人而异。比如，身体照顾方面，有些人有不同的忌讳，这与前期个人的生活习惯有关，比如擦拭身体，换洗衣物，有些人很在意，需要其他人回避，甚至需要异性回避，这些都是留意的细节。如在心理层面，有些话只愿意对某些人讲，所以，尽可能找对的人，而不是挖空心思让服务对象说，他不是不愿说话，他只是不愿对你说，说出来反而难受。再比如灵性层面，有人信佛，有人信道，有人信天主，有的只是信老家的山神，这里似乎无法推敲谁的信仰更合理，更不能以粗暴的方式斥之为迷信，而应根据情境，适当予以成全。否则的话，此种灵性深处的纠结，只会让人更痛苦。再如和解层面，有兄弟姐妹反目的，或许碍于面子都不愿首先张口，但是，若有和解意愿，创造合适的情境，成全这种和解，则会令人如释重负。但是，要把握火候，而且不能勉强，要弄清楚，是否真的有和解可能和意愿，避免适得其反。这些都需要用心，人的复杂就是这样，充满偶然、变数，不确定因素太多。只能细致入微地用心呵护，才可能真的达成"安宁疗护"和"生命尊严"。

四、从善待他者中享受生命的尊严

本章前三节到此可作一小结。第一节处理"安宁疗护"的必要性问题，通过"鲁迅的后悔""院士的提醒"和"医患冲突的悲剧"让我们看到一些不当"临终关怀"带来的痛苦反省，看到一些盲目无知照顾带来的痛苦，同时也看到我们所处的医患关系格局。在这样的背景下，我们尝试提出：第一，应考虑传统习俗孝道当转型到现代安宁疗护的理念上来，这就要求以"服务对象"为中心，对其人格尊重优先于服从习俗观念；尊重当事人的安宁、平静，不能以粗鲁的方式不准其离开。第二，对于重症患者的"安宁疗护"，我们当慢慢学会补课；在没有护理常识的情形下进入场景，只能用心去学、去思考，甚或说要提前备课阅读，避免手忙脚乱。多听医护专业人士建议，多请教，避免以"为他好的名义"加重患者伤害和痛苦。第三，亲人病情危重时期隶属最容易情绪失控导致"医患冲突"，要尽可能学会沟通，对于医护人员多了解并加深理解予以尊重。毕竟，"生命尊严"不是只有病人才需要的，医生、护士包括亲友家属都需要尊重，都有尊严需要，尊严是大家之事；倘若医护人员之尊严都得不到维护，很难想象对于当事人的疗护是积极的、有效的。这里更多涉及的是对他者的尊重、理解和宽容，善待他者才有尊严可言。

第二节处理"安宁疗护"的可能性问题，通过伦理层面的知情权与人格尊重、医疗层面的互动沟通、护理层面的心灵信仰呵护、分享层面的心灵和解等问题展开。主要想阐述"安宁疗护"的基本理念，尝试从"被动病人"回到"服务主体"（全称为"服务对象的主体性"），从"病人"优先回到"人"。这样，我们才会更多考虑到对服务对象的人格尊重，并逐渐唤醒其主动性、积极性和互动参与意识。有这样的行为自主性，才有生命尊严可言。在这样的语境下，我们更会看到，服务对象对于许多事情的自主判断具有决定性的意义。比如说恩怨化解、大体捐赠、债务处理、遗产划分等，这些是不能代劳的，通过适当的方式，让当事人将此意愿表达出来，将会为其人生画上圆满的句号，而成为点睛之笔。另外，对于当事人的心理层面、灵性层面，我们也应给予更多重视，只有此种深层次的化解、尊重与沟通，才能真正达到"安宁疗护"之目的。

第三节进一步指出，"安宁疗护"的"尊严维护"是生命之事，"生命尊严"的建构是庄严和神圣的，"生命尊严"的维护当考虑现实问题的直接性和复杂性。我们应看到，人生的完整性和贯通性，不能将病人封闭起来，否则，他的记忆和前半生似乎都变得无处安放。应当考虑人生的不同阶段及其贯通性，这样才能更接近了解一个"人"而非"病人"的身心灵历程。由此而来，我们可以看到"生命尊严"是极其神圣和庄严的事情，它无法轻描淡写，没有实用手册，不能像操作机器那样循规蹈矩。生命是复杂的，需要用心，需要预备。正因为"生命尊严"来之不易，所以它才显得弥足珍贵；倘若其唾手可得，那么我们也不必自觉追寻，如果过于廉价，或许与"生命尊严"无缘。因此，这也让我们看到，生命情境极其复杂，安宁疗护不易做到。这同时也意味着，"生命道场"需要认真对待，无论照顾他人还是善待自己，都需要自觉的学习、揣摩和练习。

生命是死亡的练习，我们需要在练习中尽职尽责，在善待他者中获得生命的安宁和尊严。

第四章

临终前的尊严维护

——伦理层面

首先，我们要关注生命伦理学所遵循的生命伦理原则以及临终生命关怀所遵循的生命关怀伦理原则。一般认为，生命伦理四原则分别为有利原则、尊重原则、公正原则、互助原则。也有学者将其细化为：第一，尊重原则。包括尊重患者的自主权、知情同意权、保密和保护隐私权等内容。第二，不伤害原则。第三，有利原则。第四，公正原则。而关于生命关怀伦理原则有"医学人道主义原则""尊重临终病人的原则""人文关怀的原则"。[①]这些原则都不难理解，单独去看，无论是尊重原则还是无伤原则，无论是有利原则还是公正原则，都可谓名正言顺、正大光明。包括生命关怀伦理原则，无论是人道主义还是尊重临终病人、人文关怀原则都是无可挑剔的坚守原则。然而，问题在于，临终关怀或安宁疗护是实践之事而非理论条框，即便在理论框架内，有个问题仍难以回避——这些原则出现冲突时如何办？而在现实语境下，不同的权益诉求恰恰让单独合理的伦理原则变得共同和相悖。

其次，我们应看到原则冲突问题构成了生命伦理原则的内在悖论。尽管我们不否认生命伦理原则的善意初衷，但是，在面对临终关怀实践时，由于不同原则的时空同居，由此造成的伦理冲突便在所难免。第一，四原则的伦理次序问题。是"不伤害原则"优先还是"尊重原则"优先？抑或是"有利原则"优先？判断依据何在？若以照护对象为主体依据，如何确知他的真实意图？又如何达成他的真实预期？第二，原则冲突问题。比如尊重原则包括尊重患者的自主权、知情同意权、保密和保护隐私权等内容。但是，若将知情同意放在优先位置而符合尊重原则，那么由此造成的伤害如何应对？因为这又违背了"不伤害原则"。其他的"有利原则"和"公正原则"同样存在错综复杂的关系，很容易想到的困境是，对某位患者的"有利原则"可能正违背了"公正原则"，这在医疗资源有限的情况下司空见惯。考虑到人心的无限预期，医疗资源总是相对有限的。所以，此种原则冲突几乎在所难免。

① 李义庭，刘芳.生命关怀的理论与实践［M］.北京：首都师范大学出版社，2012：88-93.

因此，针对知情权问题，我们应考虑到上述应遵循的原则、可能性的原则冲突。然后，患者的参与方式与限度。说白了，在避免伦理原则两败俱伤的情况下给予自身的治疗、护理以最大程度的尊严维护。知情同意原则，也只有在这种情况下才可以得到辩护。探知病情真相，是为了更好地活着，或者更好地活到生命的终点。

一、一个思想实验：坏消息是否应该告知与被告知？

（一）对"坏消息"倾向于隐瞒

在一项针对晚期癌症患者"病情告知"的统计表（频数总计768）中我们可以看出，13.4%为"告知本人"，5.9%为"不告知本人"，46.0%为"因人而异"，34.8%则认为"告知家属并适时告诉本人"。[①]事实上，在确定癌症的情况下，一般我们会倾向于认为先不告诉本人为最优先考虑，无论是医生还是患者家属，似乎都会很慎重地看待"知情同意"问题。"慎重"的意思是倾向于隐情不报、维持现状或大事化小，这在大量的事例里面也可以得到印证。关于类似主题的经典影视作品、文学作品也都是这样处理的，比如黑泽明导演的《生之欲》（也名《活下去》），再比如托尔斯泰的经典中篇小说《伊凡·伊里奇之死》都是这样。下面，我们可以引用伊凡·伊里奇之死初诊时的经典片段作为参考。

有一次夫妻争吵，伊凡·伊里奇特别不讲理。事后他解释说，他确实脾气暴躁，但这是由于病的缘故。普拉斯柯菲雅·费多罗夫娜就对他

---

① 李义庭，刘芳.生命关怀的理论与实践［M］.北京：首都师范大学出版社，2012：276.

说，既然有病，就得治疗，要他去请教一位名医。他乘车去了。一切都不出他所料，一切都照章办理。又是等待，又是医生装出一副煞有介事的样子——这种样子他是很熟悉的，就跟他自己在法庭上一样，——又是叩诊，又是听诊，又是各种不问也知道的多余问题，又是那种威风凛凛的神气，仿佛在说："你一旦落到我手里，就得听我摆布。我知道该怎么办，对付每个病人都是这样的。"一切都同法庭上一样。医生对待他的神气，就如他在法庭上对待被告那样。医生说，如此这般的症状表明您有如此这般的病，但要是化验不能证明如此这般的病，那就得假定您有如此这般的病。要是假定有如此这般的病，那么……

对伊凡·伊里奇来说，只有一个问题是重要的：他的病有没有危险？但医生对这个不合时宜的问题置之不理。从医生的观点来说，这问题没有意思，不值得讨论；存在的问题只是估计一下可能性：是游走肾，还是慢性盲肠炎。这里不存在伊凡·伊里奇的生死问题，只存在游走肾和盲肠炎之间的争执。在伊凡·伊里奇看来，医生已明确认定是盲肠炎，但又保留说，等小便化验后可以得到新的资料，到那时再做进一步诊断。这一切就跟伊凡·伊里奇上千次振振有词地对被告宣布罪状一模一样。医生也是那么得意扬扬，甚至从眼镜上方瞧了一眼被告，振振有词地下了结论。从医生的结论中伊凡·伊里奇断定，情况严重，对医生或其他人都无所谓，可是对他却非同小可。这结论对伊凡·伊里奇是个沉重的打击，使他十分怜悯自己，同时十分憎恨那遇到如此严重问题却无动于衷的医生。不过他什么也没有说就站起来，把钱往桌上一放，叹了一口气说："也许我们病人常向您提些不该问的问题，"他说，"一般说来，这病是不是有危险？"医生用一只眼睛从眼镜上方狠狠地瞪了他一下，仿佛在说：被告，你说话要是越出规定的范围，我将不得不命令把你带出法庭。"我已把该说的话都对您说了，"医生说，"别的，等化验结果出来了再说。"伊凡·伊里奇慢吞吞地走出诊所，垂头丧气地坐上雪橇回家。一路上他反复分析医生的话，竭力把难懂的医学用语翻译成普通的话，想从中找出问题的答案：我的病严重？十分严重？或者还不要紧？

他觉得医生所有的话，都表示病情严重。伊凡·伊里奇觉得街上的一切都是阴郁的：马车夫是阴郁的，房子是阴郁的，路上行人是阴郁的，小铺子是阴郁的。他身上的疼痛一秒钟也没有停止，听了医生模棱两可的话后就觉得越发厉害。伊凡·伊里奇如今更加心情沉重地忍受着身上的疼痛。[①]

　　这里我们可以看出，病人的关切很直接、很急迫，而医生的诊断以及关注让患者往往感到他们在偏离主题和草草应付。关于知情权问题的复杂性及其详细分析后面再论述，这里只提出一个有趣的思想实验。一般的问卷调查都是以"患者为对象"，比如上面的调查——13.4%为"告知本人"，5.9%为"不告知本人"，46.0%为"因人而异"，34.8%则认为"告知家属并适时告诉本人"。[②]但是，倘若以"患者"作为主体，我们更应该考虑的是他们是否更乐意被告知？很多时候，我们只是假想应该告知他们或者隐瞒不报，也只是假想是否对他们好，对他们有利。然而也可能是我们认为对他们好的、有利的，对他们不一定好，不一定有利。那么，判断的主体是以我们为准呢？还是以"患者"为准？或许我们应慢慢适应"主体性"分享，聆听"患者"自身的主体性诉求与声音。因为，我们若切实用心于患者本人的生命尊严，那么就不能对其包办。当其诉求无法表达、声音无法传出，所有一切都是家属和医生包办的情况下，我们很难想象其生命尊严得到了合理维护。

　　这里引申的一个问题在于，家属（医生）与患者在理解上的鸿沟问题。在以弗洛伊德的弟子荣格医生与其女病人为原型而改编的电影《我美丽的守护天使》中有段对话值得留意：

　　"医生，你是治不好我的。"

　　"为什么？"

---

　　① 译文可参考：列夫托尔斯泰.伊凡伊里奇之死［M］.许海燕译.北京：东方出版社，2017：212-214.

　　② 李义庭，刘芳.生命关怀的理论与实践［M］.北京：首都师范大学出版社，2012：276.

"因为你健康，可我却不是。"

"所以？"

"所以？所以我知道你无法理解我。"①

（二）思想实验：告知与被告知

我们习惯于认为医生是治病救人的，患者家属是为患者好的，但是这里隐含的问题是，医生是否真的懂病人？尤其是某一个病人？家属或许"为他/她好"的初衷不容质疑，但家属是否真的知道什么是"为他/她好"？以知情权为例，或许我们可以做个思想实验。

第一种情形，倘若我们是患者家属或医生，对于知情同意问题，大约可以参考上面的调查：13.4%为"告知本人"，5.9%为"不告知本人"，46.0%为"因人而异"，34.8%则认为"告知家属并适时告诉本人"。②

第二种情形，倘若我们是患者本人，对于知情同意问题，我们又会作何选择呢？

我们是否应该被告知？是否愿意听到病情真相？

在《生之欲》和《伊凡·伊里奇之死》中我们可以看出，当事人都急切地想知道病情真相，换成我们自己，我们是否也会有类似的知情权诉求？还是宁愿被蒙在鼓里？知情权问题的复杂性之一就表现在这里，以何者为主体来思考问题——是以家属或医生为参照？还是以患者本人的视角为参照？许多时候我们的调查并非是站在患者本人的角度来思考问题的，如同上面台词所说"所以我知道你无法理解我"。健康人与患者、家属与患者、医生与患者，有着极为错综复杂的关系，即便医生专业如何熟悉，家属与患者关系如何亲密，但是医生或家属与患者的鸿沟问题，仍值得留意。身体是别人的，我们无法体验，而且往往猜错。

① 〔法〕普里奥尔.欲望的眩晕：通过电影理解欲望［M］.方尔平译.上海：华东师范大学出版社，2015：133.

② 李义庭，刘芳.生命关怀的理论与实践［M］.北京：首都师范大学出版社，2012：276.

事实上，对于患者本人而言，即便医生或家属不说，他/她本人则有着极为敏锐的洞察力，在医生或家属的对话眼神中、护理方式中，会很快直觉到自己的身体状况，而且往往伴随无限的想象。对于许多病人而言，有的是时间——可以猜测，可以想象，可以察言观色，可以琢磨人心，可以假戏真做。记得2019年5月浦江国际医学人文论坛上一位宁养病房护士长提到一位终末期老太太患者常站在护士站门口观察，她说："我就想看看你们天天有多忙，反正我也没啥事。"病人有的是时间，他们只要是清醒的，思绪就不会闲着。对其身体体验，他们往往有无限遐想。身体是病人自己的，医生或家属说与不说都无法改变患者作为体验主体的优先地位，而且医生或家属任何时候也无法得到此种发生在他人身上的真实体验。身体是患者本人的，我们如何欺骗他的心灵？而且，对于任何欺骗，患者本人似乎往往能够觉察而且深恶痛绝。

许多时候，我们以"为你好"的名义给患者造成的伤害往往更重。确实，不同的病患、家属情境不同，确实需要"因人而异"。但是，无论何种情形，我们都应自觉避免此种因为"善意"而带来的"伤害"。上面我们提到伦理原则的"两败俱伤"，真正令人遗憾的不是说我们为了避免对患者造成进一步"伤害"而隐瞒病情（有悖于"尊重原则"），而是一方面有悖于"尊重原则"损害了患者本人的"知情同意权"，同时也对其造成了更大的精神伤害。

二、知情权实例分析：伊凡·伊里奇之死

（一）谎言对于患者是"最为痛苦的事"

固然对于医患及家属而言，治病救人是首要关切；但是对于终末期

病人而言，不言而喻，大都心知肚明——医疗技术上遇到了瓶颈。患者处于终末期，也就意味着医疗手段的干预可能不再是首要问题，重点在于"安宁疗护"或"姑息治疗"，需要尽可能减轻病患本人的身体痛苦，维护当事人身心灵的舒缓与宁静。这也是近些年来"宁养病房""临终关怀""姑息治疗"等逐渐兴起并得到大家逐渐接受的缘由所在。

"临终关怀"不再被视为"医疗失败"，而是人们对于生死有着更深切、更合乎生命自然法则的看法。追求活着不再是唯一目标，好好活到生命尽头也是一种值得期待的事情。我们常说"好死不如赖活着"，但是，对于终末期病人而言，"好好活到生命尽头"才是更值得用心达成的事业，走向人生终点是个过程，而这一过程，对于不同人而言，其实并不容易。其中一点，对于患者的尊重尤为重要，患者对于医生或家属的信息也尤其敏感，对于"谎言"和"欺骗"更是深恶痛绝。下面我们将看到托尔斯泰对此称为"最痛苦的事"。

伊凡·伊里奇觉得最痛苦的事就是听谎言，听大家出于某种原因都相信的那个谎言，他只是病了，并不会死，只要安心治疗，一定会好的。可是他知道，不论采取什么办法，他都不会好了，痛苦只会越来越厉害，直到死去。这个谎言折磨着他，他感到痛苦的是，大家都知道他自己也知道他的病很严重，但大家都讳言真相而撒谎，还要迫使他自己一起撒谎。在他临死前夕散布的谎言，把他不久于人世这样严肃可怕的大事，缩小到访问、挂窗帘和晚餐吃鳇鱼等小事，这使他感到极其痛苦。说也奇怪，好多次当他们就他的情况编造谎言时，他差一点大声叫出来："别再撒谎了，我快要死了，这事你们知道，我也知道，所以大家别再撒谎了。"但他从来没有勇气这样做。

他看到，他不久于人世这样严肃可怕的事被周围的人看成只是一件不愉快或者不体面的事（就像一个人走进会客室从身上散发出臭气一样），还要勉强维持他一辈子苦苦撑住的"体面"。

谁也不可怜他，谁也不想了解他的真实情况。只有盖拉西姆一人了解他，并且可怜他。因此只有同盖拉西姆在一起时他才觉得好过些。盖拉西姆有时通宵扛着他的腿，不去睡觉，嘴里还说："您可不用操心，老爷，我回头会睡个够的。"这时他感到安慰。或者当盖拉西姆亲热地说："要是你没病就好了，我这样伺候伺候你算得了什么？"他也感到安慰。只有盖拉西姆一人不撒谎，显然也只有他一人明白真实情况，并且认为无须隐讳，也怜悯日益消瘦的老爷。有一次伊凡·伊里奇打发他走，他直截了当地说："我们大家都要死的。我为什么不能伺候您呢？"他说这话的意思就是，现在他不辞辛劳是因为伺候的是个垂死的人，希望将来有朝一日轮到他的时候也有人伺候他。

除了这个谎言，或者正是由于这个谎言，伊凡·伊里奇觉得特别痛苦的是，没有一个人像他所希望的那样可怜他。伊凡·伊里奇长时期受尽折磨，有时特别希望——尽管他不好意思承认——有人像疼爱有病的孩子那样疼爱他。他真希望有人疼他，吻他，对着他哭，就像人家疼爱孩子那样。他知道他是个显赫的大官，胡子已经花白，因此这是不可能的，但他还是抱着这样的希望。伊凡·伊里奇想哭，要人家疼他，对着他哭，不料这时他的法院同事谢贝克来了，伊凡·伊里奇不仅没有哭，没有表示亲热，反而板起脸，现出严肃和沉思的神气，习惯成自然地说了他对复审的意见，并且坚持自己的看法。他周围的这种谎言和他自己所做的谎言，比什么都厉害地毒害了他生命的最后日子。[①]

这里我们可以看出：第一，终末期患者对于"谎言"极其敏感，而且医生或家属的安慰说辞很快会被视为"谎言"。因为，患者本人才是最终判准，身体是他自己的，不受医生或家属如何安慰、如何隐瞒，但是那种痛苦体验对于患者本人却是无法隐藏的；而且，正是这一点，医生和家属恰恰因无法体会而无发言权。因此，他们的说法很容易被视为"谎言"。因此，此时"说谎"，患者尤其难以接受，认为是对自己极人的伤害。有患者会想，我都快要死了，为什么还对我说谎？实际情形我已经知道了，大家为何还要装模作样来骗我？第二，终末期患者更需要他人温柔的呵

---

① 〔俄〕列夫·托尔斯泰.伊凡·伊里奇之死［M］.许海燕译.北京：东方出版社，2017：232-234.

护。无论他是谁，无论高低贵贱，现在正是一个有待被尊重、被关心、被温柔以待的终末期患者。但是，在其他人眼里，则无法将其视为纯粹的柔弱的患者，还是将其视为领导或家长，虽然病了，但还是领导或家长。此种角色定位，明显影响了或者直接阻碍了患者的呵护需要。对于伊凡·伊里奇而言，只有他的仆人才不将他视为法官看待，而是将他作为人，尤其是作为将要死的人来关心。如此不加掩饰的情感，反而契合了终末期患者的心理期待，所以他只信任他的仆人，也只对他满意。

（二）医患关系鸿沟及其不信任

若承认医生或家属与患者之间存在鸿沟的话，如何慢慢跨过鸿沟，如何由此岸到彼岸，如何真正弄懂病人的真实心思以及切实诉求，这是一项极其艰巨的任务。这一点，医生需要学习，家属需要学习，患者也需要学习。我们大家对此都是门外汉，一方面无知者无畏；另一方面，无知者也常常造成伤害。毋庸讳言，在医生、家属、患者的学习过程中，这一部分恰恰是缺失的。因为关于临终关怀、生命教育、生死学这部分内容至今在我们的教育体系中付之阙如。但是许多问题并不因为我们没有学过就不会遇到。许多时候，我们遇到的恰恰是我们不曾遇到的，没有学过的，这才令我们手足无措，同时影响深刻。再者，因无知而造成的伤害，谁又来买单呢？

我们接续托尔斯泰作品中的故事，伊凡·伊里奇不仅对于"谎言"深恶痛绝，认为是对自己最大的"伤害"。在后续的治疗中，他对于医生根本很难再继续产生信任，认为他们只是在例行公事，草草应付。

还是那个样子。一会儿出现了一线希望，一会儿又掉进绝望的深渊。老是疼，老是悲怆凄凉，一切都是老样子。独个儿待着格外悲伤，想叫个人来，却知道同人家待在一起更难受。最好再来点儿吗啡，把什么都忘记。我要请求医生，叫他想点别的办法。这样可真受不了，真受不了！一小时、两小时就这样过去了。忽然前厅里响起了铃声。会不会是医生？果然是医生。他走进来，精神饱满，容光焕发，喜气洋洋。那副神气仿佛表示：你们何必这样大惊小怪，我这就来给你们解决问题。

医生知道，这样的表情是不得体的，但他已经习惯了，改不掉，好像一个人一早穿上大礼服，就这样一家家去拜客，没有办法改变了。医生生气勃勃而又使人宽慰地搓搓手。"啊，真冷，可把我冻坏了。让我暖和暖和身子"，他说这话时的神气仿佛表示，只要稍微等一下，等他身子一暖和就什么问题都解决了。"嗯，怎么样？"伊凡·伊里奇觉得，医生想说："情况怎么样？"但他觉得不该那么问，就说："晚上睡得怎么样？"伊凡·伊里奇望着医生的那副神气表示："您老是撒谎，怎么不害臊？"但医生不理会他的表情。伊凡·伊里奇就说："还是那么糟。疼痛没有消除，也没有减轻。您能不能想点办法……""啊，你们病人总是这样。嗯，这会儿我可暖和了，就连普拉斯柯菲雅·费多罗夫娜那么仔细，也不会对我的体温有意见了。嗯，您好。"医生说着握了握病人的手。

接着医生收起戏谑的口吻，表现出严肃的神色给病人看病：把脉，量体温，叩诊，听诊。伊凡·伊里奇清楚地知道，这一切都毫无意思，全是骗人的，但医生跪在他面前，身子凑近他，用一只耳朵忽上忽下地细听，脸上显出极其认真的神气，像体操一般做着各种姿势。伊凡·伊里奇面对这种场面，屈服了，就像他在法庭上听辩护律师发言一样，尽管他明明知道他们都在撒谎以及为什么撒谎。医生跪在沙发上，还在他身上敲着。

这当儿门口传来普拉斯柯菲雅·费多罗夫娜绸衣裳的声音，还听见她在责备彼得没有及时向她报告医生的来到。她走进来，吻吻大夫，立刻振振有词地说，她早就起来了，只是不知道医生来了才没有及时出来迎接。伊凡·伊里奇对她望望，打量着她的全身，对她那白净浮肿的双手和脖子、光泽的头发和充满活力的明亮眼睛感到嫌恶。他从心底里憎恨她，她的亲吻更激起他对她的难以克制的憎恨。她对待他和他的病还是老样子，正像医生对病人的态度都已定型不变那样，她对丈夫的态度也已定型不变：她总是亲昵地责备他没有照规定服药休息，总是怪他自己不好。"嗳，他这人就是不听话！不肯按时吃药。尤其是他睡的姿势不对，两腿搁得太高，这样睡对他不好。"她告诉医生他怎样叫盖拉西姆扛着腿睡。医生鄙夷不屑而又和蔼可亲地微微一笑，仿佛说："有什么办法呢？病人总会做出这样的蠢事来，但情有可原。"

检查完毕，医生看了看表。这时普拉斯柯菲雅·费多罗夫娜向伊凡·伊里奇宣布，不管他是不是愿意，她今天就去请那位名医来，让他同米哈伊尔·达尼洛维奇（平时看病的医生）会诊一下，商量商量。"请你不要反对。我是为我自己才这样做的，"她嘲讽地说，让他感到这一切都是为她而做的，因此他不该拒绝。他不作声，皱起眉头，他觉得周围是一片谎言，很难判断是非曲直。她为他做的一切都是为了她自己，她对他说这样做是为了她自己，那倒是真的，不过她的行为叫人很难相信，因此必须从反面来理解。

11点半，那位名医果然来了。又是听诊，又是当着他的面一本正经地交谈，而到了隔壁房间又是谈肾脏，谈盲肠，又是一本正经地问答，又是避开他现在面临的生死问题，大谈什么肾脏和盲肠有毛病，米哈伊尔·达尼洛维奇和名医又都主张对肾脏和盲肠进行治疗。名医临别时神态十分严肃，但并没有绝望。伊凡·伊里奇眼睛里露出恐惧和希望的光芒仰望着名医，怯生生地问他，是不是还能恢复健康。名医回答说，不能保证，但可能性还是有的。伊凡·伊里奇用满怀希望的目光送别医生，他的样子显得那么可怜，以致普拉斯柯菲雅·费多罗夫娜走出书房付给医生出诊费时都忍不住哭了。①

（三）三种医患关系模型

葛文德医生提到"三种医患关系"，分别为"家长型""资讯型"和"解释型"。"家长型"的医患关系特点是医生作为"医学权威"的指令性治疗，"吃红色药片，这对你好"，目的是确保病人接受医生认为对他最好的治疗。第二类"资讯型"医患关系则同"家长型"相反，医生提供各种患者资讯、数据、药品信息，其他一切由患者来裁决，表现为"这

---

① 〔俄〕列夫托尔斯泰.伊凡伊里奇之死［M］.许海燕译.北京：东方出版社，2017：236–239.

是红色药品的作用，这是蓝色药品的作用，你想要哪一个"，更近似于一种"零售型"关系。第三类"解释型"医患关系，医生的角色是帮助病人确定他们想要什么。"解释型"医生会询问"对你来说，什么最重要？你有什么担心"，了解到答案以后，他们会向你介绍红色药片和蓝色药片，并告诉你哪一种最能够帮助你实现优先目标，这是一种"共同决策模式"。①

很明显，无论是托尔斯泰文学作品中的情形，还是现在常遇到的情形，大都处于"家长型"的医患模型中。其中的原因很复杂，比如说高效、节省时间，一般的医生忙到焦头烂额，恐怕没有闲心坐下来与患者推心置腹地谈谈治疗方案；再比如说信息不对称，医学的精细化、术语化让患者及家属望而却步，即便医生有心，患者与家属也无力听懂他在说什么。更多的情境是，彼此其实都没有时间来进行这种类似于"对牛弹琴"式的对话。

葛文德医生的举例是针对他父亲的病情，他自然更倾向于"解释型"的"共同决策模式"。但是，我们不应忘了，他和他父亲都是医生，而且是知名的医生，因此"共同决策模式"对他们是可行的，如果换成其他人，恐怕很难满足"共同决策"的必要条件。因此，我们还是要慢慢尝试去接近"共同决策模式"，如同前面所说对于这些问题，医生需要学习，家属需要学习，患者也需要学习。若只停留于被动的"家长型"治疗，很容易加大医患之间的鸿沟；而且，随着病情慢慢恶化，会出现上述伊凡·伊里奇那种对于医生的逆反心理，不再信任。对于终末期病人而言，心灵的沟通似乎远比身体的治疗更为重要。只有当心灵接近，邀请他参与进来，对于身体的治疗才不会产生排斥和逆反。

下面我们将分析一下为何在多数情况下，家属或医生不愿意直接给患者本人如实告知病情，尤其是对于终末期病症，比如癌症患者。

---

① 〔美〕葛文德. 最好的告别：关于衰老与死亡，你必须知道的常识［M］. 彭小华译. 杭州：浙江人民出版社，2015：181–182.

三、为何医生不愿意如实告知
患者"坏消息"?

（一）知情权针对患者还是家属？

如同上面的思想实验所显示的可能性情形，若诊断出来是癌症或某种绝症，对于医生而言，可能首先告知家属，然后与家属商议，一般倾向于先不直接将检查结果告诉患者本人。相应的问卷调查也得到类似的印证。若是以患者本人为主体，结果出来了，一般的心理期待是尽快得知真实的检查结果。在《生之欲》中渡边就很期待听到医生告诉他真实的检查结果，但他从医生的"白色谎言"中猜出来是绝症。在《伊凡·伊里奇之死》中，伊凡第一次看医生，他也急切想知道真实结果，尤其是严重与否。

以医生或家属为主体，或者以患者本人为主体，便会产生两个截然不同的结果。前者倾向于尽可能委婉的方式隐瞒真相，后者则倾向于第一时间知道真相。此种反差往往产生隔膜，有时候甚至造成医生与患者、家属与患者甚至医生与家属的伦理冲突。那么，为何医生不愿意如实告知患者"坏消息"？一般的认为，不愿意对患者造成更大的伤害；任何"坏消息"或者"绝症"结果，可能对于患者而言是"五雷轰顶"，他们受不了，会产生过激反应，甚至会产生过激行为。然而，这些其实更多建基于"心理暗示"，只是一种"他心想象"，尚未看到类似的研究数据显示，对患者隐瞒病情优于如实告知。对此问题，可以建构一个对照组予以研究；避免预料之外的伤害，可以现成的事例予以访谈。当然，这是个因人而异的事情，不过还是从概率性数据中看出某种可能，至少可以作为参照，因人而异似乎还是首要原则。

上述思想实验中以患者本人为主体的心理倾向，依然值得留意。为何说针对自己，很期待第一时间知道真实结果？而对于别人，则倾向于隐情不报呢？这是否涉及对自己的充分信任和对他人的疑虑？即便是"坏消息"为何倾向于认为自己能经受住"打击"，不会出现"过激反应"；而对于别人，则倾向于认为真相会伤害他们呢？若此思想实验可以得到辩护的话，我们至少可以看出，告诉病人真相从理论概率上讲，或许不会那么可怕，可怕的是心理暗示以及我们对患者本人的不信任，疑神疑鬼，担心他们受不了，经受不住真相的打击或伤害。当然还有另一种可能，他们知道真相，才能够安心，才能够放下，而不至于蒙在鼓里，尝试各种急救措施。若他们知道真相的话，是否更有助于安宁疗护呢？或者说，他们会更好地安排临终历程，好好走到人生终点呢？

（二）隐瞒"坏消息"的可能性原因分析

接续上面的问题分析，对于医生或家属不倾向于直接告诉患者"坏消息"，可能性的原因有如下几点：

第一，无伤原则。不想"坏消息"给患者带来直接冲击或更多伤害，这个初衷是好的，但是依据则有限。因为，若患者为自己，则本人宁愿早点知道真相，这说明"坏消息"对他们首要不是伤害，而是一种理性认知期待，对真相的期待。

第二，尊重原则。这里首先不是对患者本人的尊重，而是对家属的尊重。中国社会，家属而非患者本人才是责任人，许多签字是需要家属签而非本人签。所以，医生沟通的对象首先是家属而非患者本人。对于"坏消息"，家属一般都优先知道，知道之后就不愿意医生再直接告诉患者本人，而是家属慢慢告诉患者，或者继续隐瞒下去。这种处理方式是否妥当呢？患者是当事人，至少对于意识清醒的患者，是否应作为主体？还是真的有必要通过家属这一中介？至少依据生命伦理学尊重原则首先是针对患者本人而非家属的。

第三，自保原则。这里似乎不必讳言，医生宁愿维持现状或者与家属达成共识，对患者隐情不报也有自保的考虑。医患冲突在患者危重或终末期更易发生，在此情形下，一方面，医生的权益往往没有切实保证，因此他们在治疗、沟通方面选择采取自保模型；另一方面，他们也趋向回避直接与患者陈述病情，而更愿意将这个棘手的工作交给患者家属去做。估计这也是造成"中国90%以上的卫生资源被用于终末期疾病的防治"①的可能性原因。在一些案例中，对于患者本人而言，他们不知道病情真相，而且在家属的鼓励下，再接再厉，一治再治，在虚幻的希望下认真配合治疗。对于家属而言，宁可多花钱，也不愿意放弃任何治疗机会；对于医生而言，明明知道许多情形，手术做了也是白做，进一步治疗或急救都是无用功，但是，他无权停止治疗，他只能依照家属的意愿继续治疗，直到病人去世，谎言治疗无法继续为止。

根据《中华人民共和国执业医师法（2009修正）》第二十四条：对急危患者，医师应当采取紧急措施进行诊治；不得拒绝急救处置。第三十七条（二）：由于不负责任延误急危患者的抢救和诊治，造成严重后果的，"由县级以上人民政府卫生行政部门给予警告或者责令暂停六个月以上一年以下执业活动；情节严重的，吊销其执业证书；构成犯罪的，依法追究刑事责任"。这是极其严重的后果，可见，医生出于自保原则和执业医师法规范，他只能无奈地不停歇地救治，直到患者逝去。

这里我们想指出的是，对于患者隐瞒病情的思路或许需要重新评估。一方面，需要有类似的研究数据作为对比参照；另一方面，需要慢慢建立对于患者的信任关系。信任才是基本的尊重。对于医生的"谎言操作"问题，我们也要看到医生自身的无奈，他们有善良的初衷，不想给病人更多的伤害，同时也宁愿尊重家属的意愿。另外，医生的权益常常无法得到有效保护，所以他们宁愿合理合法地做"无效治疗"。他们不

---

① 王云岭.现代医学与尊严死亡［M］.济南：山东人民出版社，2016：142.

是想故意浪费医疗资源，而是《执业医师法》无法给予他们更多的辩护空间。

再有，许多人，不管是家属还是病患，他们喜欢按自己的认知去判断医生救治方法的合理性，去要求手术或药物的有效性；喜欢以其他治疗结果向好的病患为参照，一旦治疗没有达到自己的心理预期或自己认为应该达到的标准时就会大动干戈。仔细想来，没有一桩医患纠纷不是因此而起。这也是临终关怀、姑息治疗在中国人中推行迟缓的原因之一。要让普通百姓接受不做急救、不做过度治疗，自觉安宁疗护、舒缓治疗还有漫长的路要走。许多决定需要患者本人做出，因为对于家属和医生，很多"暂停"键是无法按下的，太困难，太揪心，太纠结；而患者本人的自主性，则会让一些选择自带光芒，其合理性是自明的——带着尊严，带来敬意。

四节、往生之旅可以变得平静悠然 如"秋叶之静美"

（一）知情权维护的因人而异原则

人生的复杂构成我们慎之又慎的必要理由。对于伦理原则，一方面我们要留意原则冲突问题，这是爱与善的冲突，尤其是爱与善的两败俱伤。如何避免两败俱伤，并进一步使其相得益彰，这是我们需要花费缜密心思去做的事情。另一方面，因人而异原则依然有坚持的必要。如同前面调查问卷所显示的，各个情境不同，各人性格不同，对于同样的信息，各人理解不同、反应不同，因此我们只能慎重地坚守因人而异原则。人生就是这样的奇妙，在排除误诊情形，同样一种病，同样一种药，却并不同样有效。每个身体的生态运作、感受性、反馈性其实都是不同的，因不同而独特。这构成了我们尊重每一个生命体的必要理由。

（二）知情权维护的可能性方式与限度

在因人而异原则下，对于部分患者，比如意识清醒、愿意交流、愿意参与互动的患者而言，尝试充分尊重患者的知情权是必要的。告知真相的合理理由在于有助于患者的进一步治疗，而且因为知情，患者能更真实地参与到自己的治疗历程中来。无论对于病情控制还是疼痛舒缓，对患者本人而言都是极为有利的自主性选择。在此条件下知情权维护的可能方式为：第一，根据患者情境，逐渐完全告知其病情真相。第二，对于患者的治疗措施予以知会，可能的情况下，邀请患者反馈互动。第三，尝试建构医生、患者、家属共同的"决策沟通模式"。当然这一过程需要大量的准备工作，比如对于专业术语的了解，对于有条件的患者或家属是可以慢慢学习了解的。这一方面主要的障碍可能是时间，要找到合适的时间，家属、患者、医生共同交集的时间往往很难预约。

另外，需要注意的限度是，患者对于病情真相了解后的真实感受。医生和家属对患者会出于善意撒谎，而患者同样也会撒谎。心与心间的距离永远难以弥合。患者可能对于病情真相表面上若无其事，但内心深处则五内俱焚。此种身心的伤害是我们需要考虑到的，也是医生或家属不愿告诉病人真相的深层隐忧。建立信任很难，除了因人而异，还需要彼此坦诚，真心相待。难的是本来是彼此的期待，往往却是一厢情愿。此种情形只能希望尽量避免，但谁也无法保证不出现意料之外的结果。比如自杀，患者知道真相，并非出于仇恨，而可能是不想再苟延残喘，不愿再拖累家人，既然治疗无望，那么他想早走一步，因此产生轻生念头。这种选择对于家属是极大的伤害，对于医生也是一种无奈的伤痛——这只会加深他们的心里阴影，日后宁可选择对患者守口如瓶，也不愿告知真相。患者知情权益的实施是有限度的而且具有波动性的影响。

因此，患者本人的自主性行为，无形中影响着家属和医生的精神生活，同时对于后续的医患关系也是一种参照。

所以，对于患者而言，知情权获得的同时也要自觉其限度。信任感的确立便意味着自主性选择的自觉限制。家属、患者、医生彼此开诚布公是困难的，但却是值得期待的。患者在维护自己尊严的同时，也在同时建构着某种良性互动的医患伦理与亲情伦理关系。

（三）伦理冲突的纠结、妥协与化解

尊重患者本人的自主性，慢慢尝试尊重其"知情同意"权，告知病情真相，医生、患者、家属慢慢启动共同决策模式，这种医患关系更利于患者本人的治疗或安宁疗护。只有在患者本人知情的情况下，他的自主选择权才能得到有效发挥，才有尊严可言。对于终末期病人而言，自己快要死了却丝毫不知，就那样在谎言中度过余日，空怀恢复的希望，无疑是残忍的。退一步讲，他知道自己的真实情形，才会更好地参与到治疗中来，无论是医疗层面、护理层面或是关系伦理层面，他才会珍惜余日，才能有所准备地走向人生终点。

最后，在此引用葛文德先生的话结束本章，供我们共同思考。

"把死亡作为医学的技术极限和伦理选择问题来思考不过是近几十年的事。医学还很年轻。事实证明，救治失败并不是医学的无能，而是对生命进程的尊重。"

"我们一直犹犹豫豫，不肯诚实地面对衰老和垂死的窘境，本应获得的安宁缓和医疗与许多人擦肩而过，过度的技术干预反而增加了对逝者和亲属的伤害，剥夺了他们最需要的临终关怀。人们无法回避一个问题：应该如何优雅地跨越生命的终点？对此，大多数人缺少清晰的观念，而只是把命运交由医学、技术和陌生人来掌控。"

"恰恰是因为我们的文化拒绝接受生命周期的限定性，以及衰老

与死亡的不可避免性，我们的末期病人和老人才会成为无效治疗和精神照顾缺失的牺牲品。好在我们的社会已经意识到这是一个待解的问题，我们正在为生命的末期关怀开辟安宁缓和医疗（临终关怀）的新路径。到那一天，生的愉悦与死的坦然都将成为生命圆满的标志。"①

---

① 〔美〕葛文德.最好的告别：关于衰老与死亡，你必须知道的常识［M］.彭小华译.杭州：浙江人民出版社，2015：9-10.

第五章

临终前的尊严维护

——医疗层面

一、如何看待终末期疾病防治
与死亡质量排名？

　　罗点点女士在一次推广"生前预嘱"的演讲中提及有次她去参加节目，观众席上站起来一个年轻人，他说："点点老师你说得不错，但是我有个不同的看法，我是我姥姥养大的，跟她感情最好。我姥姥90多岁了，吃得下，睡得着。她跟我说：'孩儿，真到了（大限）那天，你可得使劲地拉着我啊！因为你们是我的亲人，我吃多大苦，受多大累，都愿意和你们在一起。那边的事，我不知道，那边的人，我不认识，我不愿意过去，你得拉着我，能多晚去，就多晚去……'我跟她说：'姥姥你放心吧，到了那天我一定好好拉着你。不光是我，我爸，我妈，只要还有一分钱，我们都用在您的身上。'"①就老人或亲友层面而言，这种心理确实是典型的甚或是普遍的。

　　就医生执业规范而言，也与此心理相互对应。可以说正是在患者心理期待、家属承诺与医生的执业规范共同支持下，我们看到了许许多多浑身插满管子在极为痛苦的状态下离开的患者，时间被用来匆忙有时又是无效的抢救，因此没有办法做到优雅地离开，从容地告别。而且这个现象似乎中外皆然，如同前面葛文德医生的反思那样。②

　　据《NT-proBNP临床应用中国专家共识》称，"中国90%以上的卫生资源被用于终末期疾病的防治"。③这是个令人震惊的数据，一方面国

---

① 引文来源：https://www.seoxiehui.cn/article-113893-1.html
② 〔美〕葛文德.最好的告别：关于衰老与死亡，你必须知道的常识〔M〕.彭小华译.杭州：浙江人民出版社，2015：10.
③ NT-proBNP临床应用中国专家共识〔J〕.中国心血管病研究，2011，9（6）：401.

家对于卫生资源的投入所占GDP比重本来就偏低，另一方面我们可以看出竟然有90%的资源用于终末期疾病的防治，关键有些防治是过度医疗和无效操作。以至于有学者呼吁"中国由于人口众多，以及国富民穷的发展现状，有许多家庭因病致贫或者因病返贫。许多病人因经济窘迫而无法得到及时的医治。如果能够合法地结束一个无救治希望的终末期病人的生命，那么就会为家庭和社会节约大量的医疗卫生资源，从而让那些有救治希望的病人获得足够的医疗资源"。[①]自然，此处的意思是反对过度医疗，同时倡导对于无救治希望的终末期病人给予安宁疗护，注重其生命尊严，生活质量，包括其死亡质量。

对于终末期病人的医疗资源投入如何把握分寸，一个知名案例值得一提。2000年6月，由以色列殡葬协会撰写的一份报告发表在英国医学杂志上。报告显示，1973年以色列医生全国罢工，但当月以色列全国的死亡人数下降了50%。报告发表以后，包括医生在内的很多人表示，这个说法实在是太简陋、太简单粗暴了，这不能排除是一些偶然因素引起的。但是在1983年，当以色列医生再次罢工，全国死亡人数又再次下降了50%。2000年，以色列的医生又进行了全国性的罢工，殡葬协会又发布报告，表示全国的人口死亡率再次下降了40%。而且，与此可以得到相互印证的是，2016年英国的初级医生罢工、2018年德国2万名医生罢工，也有媒体甚至是学术刊物表示，在此期间死亡率是下降的。[②]

接续的问题是，在上述知情背景下，到底应该如何积极有效地配合治疗？又当如何把握好治疗分寸？在医疗层面如何更好地维护生命品质和人性尊严？

---

① 王云玲.现代医学与尊严死亡［M］.济南：山东人民出版社，2016：142.

② 引文来源：https://www.seoxiehui.cn/article-113893-1.html

二、如何积极配合治疗？

（一）故事分享：医生如何选择自己及亲人的离开方式？

关于积极配合治疗方面，在此举医生的例子供大家参考。前一章我们引用过葛文德医生的例子，他目睹"无效治疗""过度治疗"的残忍和无奈，他说，"恰恰是因为我们的文化拒绝接受生命周期的限定性，以及衰老与死亡的不可避免性，我们的末期病人和老人才会成为无效治疗和精神照顾缺失的牺牲品。好在我们的社会已经意识到这是一个待解的问题，我们正在为生命的末期关怀开辟安宁缓和医疗（临终关怀）的新路径。到那一天，生的愉悦与死的坦然都将成为生命圆满的标志。"[①]因此，对于他父亲的病，他反而显得从容和理性。另外，毕奥格医生也有类似的选择，无论是对于自己的亲人还是对于自己的病人，他都给出了丰富的案例记录和建议分享。[②]当然，毋庸讳言，医生的特殊身份在对于自己尤其是亲人采取治疗方式时更为纠结，别人有更多的期待，他们也面临更多的压力。然而，正是因为事情的复杂性，才促使我们需要提前有更多的思考和准备。

下面我将分享一则故事，这个故事正好将本篇文章运用到自己岳母的实际救治案例中，很精彩的文笔，很值得共同分享。

我的老岳母今年5月初去世，享年93岁。当时她已经从养老院转进

---

① 〔美〕葛文德.最好的告别：关于衰老与死亡，你必须知道的常识［M］.彭小华译.杭州：浙江人民出版社，2015：10.

② 〔美〕艾拉·毕奥格.优雅的离别：让和解与爱相伴最后的旅程［M］.晏萍，魏宁译.北京：机械工业出版社，2018.

了南京的中大医院，情况很不稳定。医生问病危时要不要抢救，如果不抢救，需要家属签字。我太太他们兄妹三人各持己见，一时难以决定，于是先行从美国旧金山家中赶回南京的太太打电话回来，征求我的意见。我想起了1998年和2007年我母亲和父亲分别在去世前被抢救的情景，实在是痛苦万状，惨不忍睹。其实我想说"千万别抢救，让老人少一点痛苦"，可话到嘴边又咽了回去，因为担心如果我这个做女婿的去反对抢救，太太和大舅哥、小姨子由此误会不是自己的生身父母就持有双重标准，不妥。

但我实实在在目睹了自己的父母临终前用痛苦和金钱换来的教训，不愿在岳母身上重演，于是我想到了肯尼斯·库珀博士。当我在电话里讲述了我正面临的困惑，并询问库珀博士意见的时候，他问我有没有读过一篇叫作《How Doctors Die?—It's Not like the Rest of Us, But It Should Be!》的文章，我愕然了。医生以救死扶伤为天职，难道他们还有什么不能和我们普通人分享的惊人秘密吗？库珀博士在电话中听出了我的愕然，他说："年轻人（他总是称我为"年轻人"），你先把这篇文章找来读一读，读完以后你来写今天的库珀处方，当然在发送给我的中国读者们阅读之前，我要先把把关。"这让我既好奇，又有点诚惶诚恐，立即搜索一些英文网站找到了这篇文章。肯尼斯·库珀博士所说的《How Doctors Die?—It's Not like the Rest of Us, But It Should Be!》发表在2011年的11月23日，作者是一名医生，叫肯·穆尤睿（Ken Murray），这篇文章发表以后，曾经在美国社会和医学界引起了轰动和争论。

文章很简单，Ken回忆说，就在几年前，一位名叫查理的非常有名望的骨科医生发现自己的胃上长了一个肿块，于是他做了一个小手术，没想到诊断结果出来，竟然是癌症杀手——胰腺癌。给查理做手术的医生是个高手，此公不但医术精湛，而且还发明过一种特别的治疗方法，可以把胰腺癌患者的5年内存活率，从5%增加到15%，即提高3倍。当然，其生活品质会在医疗过程中大受伤害，用咱们老百姓的话来说就是：遭罪是免不了的。然而，查理却拒绝了这位名医的治疗方案。第二天回到家，他关掉了自己原本做得很成功的诊所，从此再也没有去过医院。查理把时间全用在了和家人一起享受人生的最后时光上，尽可能地找到最惬意的感觉和状态。他完全没有做化疗和放疗，也没有再做任何手术。

几个月以后，查理在自己的家里病逝，亲人们都陪伴在他的身旁。美国著名的医疗保险制度Medicare几乎没在他身上花钱。当然，查理不是为了给已经千疮百孔的Medicare省钱，他是为了自己在人生最后的珍贵时光里，尽量享受生活，少遭罪。换句话说，在生命的数量和质量之间，查理选择了质量。

由此看来，虽然美国人不像我们中国人那样忌讳谈"死"这个话题，不过究竟如何死亡也并不是所有人都能够从容谈论的事情。毫无疑问，医生也是人，也会面临死亡和病痛的折磨，但似乎从来没有人研究过，这个群体会在选择死亡的方式上有什么与众不同？查理的选择揭示了一个不为人知的秘密——虽然为尽天职，医生们不遗余力地挽救病人的生命，可是当医生自己身患绝症时，他们选择的不是"近水楼台先得月"——为自己使用最昂贵的药和最先进的治疗手段。相反，他们作为一个特定的群体，却选择了最少的治疗。正是因为医生们的专业训练，让他们深深明白药物和手术的局限性，以及这些给患者带来的生活品质的摧残和巨大的痛苦。他们在人生的最后关头，集体选择了生活品质，真是太震撼了。

请不要误会，医生当然不想死！人生一世，草木一秋，医生当然和我们一样，希望长命百岁，尽享生活的美好与融融亲情。但他们又是最知道现代医药和医疗技术局限和结果的人，在两害取其轻的原则下，他们非常明智地选择了较少痛苦和与家人平静地分享最后时光的离开方式。因为，通过多年的临床经验和"见多识广"，他们知道临终病人最恐惧的莫过于在巨大的痛苦中孤独地离开人间！

有不少久经训练的美国医生，曾经和家人认真讨论过当死亡无可避免时，病危前自己的选择。他们反复叮嘱，当"最终的判决"来临，当自己在人间的最后弥留之际，千万不要让任何人闯到家里来（他们选择不住医院），尤其是在给自己做抢救时人工按压的心肺复苏（即CPR，Cardio Pulmonary Resuscitation)时，把自己的肋骨给压断（CPR常常导致肋骨断裂）！为什么？

这些"医疗天使"们经历过太多的医学"无用功"了。当一个人的生命已经走到了尽头，身体极度衰竭，行将"油尽灯枯"之时，他（她）实际上已经丧失了判断力和决定权。而医生的尽"天职"和亲人们的尽"孝道"，却把更多的痛苦带给了弥留者，无情地剥夺了他们留恋人间的最后权利。然而颇具戏剧性的是，我们常常选择了痛苦而昂贵的抢救，徒劳地试图延续亲人将逝的生命，而掌握了最丰富医学知识和技术手段的医生们，却为自己选择了最好的临终方式：待在家里，用最少的药物和治疗来改善生活品质，而不是延长生命。"请答应我，当我处在这样的状况时，请一定把我杀了！"肯·穆尤睿回忆说，"我真的不记得有多少次我的同事们很认真地对我这样嘱咐过！恐怕我们审讯最冷血的恐怖分子时也做不到像我们对待病人那样造成的折磨和痛苦！所有的钱，买来的全是痛苦！"有的医生甚至文身"No Code"，来提醒同行们永远不要对自己实施人工呼吸。

遗憾的是医生所接受的职业训练和教育，却恰恰让他们"己所不欲，偏施于人"。私下里，他们互相说："天啦！一个人怎么能让自己的亲人受这样的罪啊！"众所周知，美国医生的酗酒和抑郁症发生率都比很多其他行业高，不忍看到病人受折磨恐怕是重要的原因之一。我的一个医生朋友证实说："我每次替病人做人工呼吸时，每做一下，我就暗暗祷告，上帝啊！请您饶恕我！因为实在是太惨不忍睹了！"肯·穆尤睿坦陈，到他发表《How Doctors Die? It's Not like the Rest of Us, But It Should Be!》一文为止，他已经有10年时间不再参与住院病人的临终医护了。

究竟为什么会这样呢？因为我们忌讳在健康的时候讨论死亡，尤其是当长辈或老人进入晚年的时候。但一旦遭遇病危，到了需要抢救才有可能挽回生命的时候，在奈何桥头徘徊的人们，只好听任亲属和医生摆布了。手忙脚乱之际，大家往往无暇顾及病人本人的意愿，在无力回天的情况下，他（她）的灵魂与肉体究竟愿不愿意再如此折腾下去？愿不愿意再遭一回罪呢？

在读肯·穆尤睿的这篇文章时，父亲临终前的一幕浮现在眼前。父亲得的也是胰腺癌，和美国的查理医生不同的是，父亲遭受了查理躲开的所有折磨，包括两次手术、化疗、放疗、吃药，在医院里住了半年多。虽然中美医疗制度有很大的差异，但在这个问题上居然惊人的相似！这让我又想起了三年前去世的岳父，他老人家临终前的唯一愿望就是："我要回家！"可当时做儿女的，却想尽一切办法在所不惜地要治好老人的病（肾衰竭）。其实医生和家属的"尽一切努力"，可能含义完全不一样。于是，噩梦开始，痛苦加剧，周而复始。无论人民币还是美元，就好像流入了下水道一样，头也不回"哗哗"而去。

肯·穆尤睿医生说，他以前曾经为临终病人做过几百例人工呼吸抢救，只有一例被救回，那还是一位患高压性气胸但没有心脏病的人。毋庸置疑，医生是无辜的，他们要尽职，他们面对哭哭啼啼的亲属们被迫努力抢救，虽然大家都心知肚明，努力下去的结果会是什么。还有些医生因为担心被家属投诉，甚至惹上官司和麻烦，干脆你怎么说，我就怎么做。

压垮肯·穆尤睿医生的最后一根稻草，是当他按照一位病人的遗嘱在最后时刻帮他拔掉所有的抢救管道时，肯·穆尤睿居然被一位护士举报犯了杀人罪。所幸逝者生前的遗嘱帮了大忙，不然肯·穆尤睿完全可能坐牢。

据载，现在已经有越来越多的美国人开始反思，该选择怎样的死亡方式？一口气读完《How Doctors Die?—It's Not like the Rest of Us, But It Should Be!》以后，结合我父母的临终经历。我马上打电话给正在南京老岳母病床前守候的太太："不要再抢救了，让老人家安静地离开吧！"这个建议没有受阻，他们兄妹最后也达成了放弃抢救老母亲的一致意见。虽然我那享年93岁高龄的岳母大人没有如愿地在自己家中度过人生的最后时刻，但她少遭了一茬罪。

肯·穆尤睿医生的这篇文章让人受教，不管别人怎么想，如何做，我先把自己对待死亡的态度写下来。将来若是神智清楚时，算作自己的座右铭；如果神智不清楚的话，就算作遗嘱好了。想到这儿，我认真地写下了以下"处方"，并逐条在电话里念给肯尼斯·库珀博士听。听完以后，库珀博士很认真地说："好，Wilson，一字不改，这就是今天的库珀处方！"

（1）人终有一死，不要忌讳讨论临终关怀和死亡方式的选择，不但要和医生谈，也要和亲人交流，得到他们的尊重和支持。

（2）如果遇上绝症，生活品质远远高于延长生命。我更愿意用有限的日子，多陪陪自己的亲人，多回忆回忆往事。把想做但一直没有来得及做的事尽量做一些。

（3）遇到天灾人祸，突然丧失了意志力，而医生已经回天乏术的时候，不要再进行无谓的抢救。不是为了省钱，实在是为了少遭罪，也减少对亲人们的折磨。

（4）没有生病的时候，珍惜健康，珍惜亲情，多陪陪父母，多陪陪妻子或丈夫，多和孩子聚一聚。工作做不完，钱也赚不完。从来没有听说过任何一个人在临终前后悔说在办公室里待的时间太短；恰恰相反，他们都后悔没有多陪陪自己的骨肉至亲。[1]

（二）因人而异：他人的故事 自己的选择

上面叙述美国医生的故事以及前面提到罗点点女士对于"生前预嘱"的推广，都令人敬重，他们给予了人生新的可能性，侧重于人性尊严而非技术手段，对我们有很大启发。

众所周知罗点点是开国大将罗瑞卿的女儿，有一次，她和一群医生朋友聚会时，谈起人生最后的路，大家一致认为，"要死得漂亮点儿，不那么难堪；不希望在ICU，赤条条的，插满管子，像台吞币机器一

---

① 文献来源：http://m.sohu.com/a/155668811_677047

样，每天吞下几千元，最后'工业化'地死去"。十几个老人便发起成立了"临终不插管"俱乐部。随后不久，罗点点在网上看到一份名为"五个愿望"的英文文件。"我要或不要什么医疗服务""我希望使用或不使用支持生命医疗系统""我希望别人怎么对待我""我想让我的家人朋友知道什么""我希望让谁帮助我"。这是一份叫作"生前预嘱"的美国法律文件，它允许人们在健康清醒时刻通过简单问答，自主决定自己临终时的所有事务，诸如要不要心脏复苏、要不要插气管等。罗点点开始意识到，"把死亡的权利还给本人，是一件意义重大的事"！于是，她与人联合创办了中国首个提倡"尊严死"的公益网站——选择与尊严。"所谓尊严死，就是指在治疗无望的情况下，放弃人工维持生命的手段，让患者自然有尊严地离开人世，最大限度地减轻病人的痛苦"。

1999年，巴金先生病重入院。一番抢救后，终于保住生命，但鼻子里从此插上了胃管。"进食通过胃管，一天分6次打入胃里。"胃管至少两个月就得换一次，"长长的管子从鼻子里直通到胃，每次换管子时他都被呛得满脸通红。"长期插管，嘴合不拢，巴金下巴脱了臼。"只好把气管切开，用呼吸机维持呼吸。"巴金想放弃这种生不如死的治疗，可是他没有了选择的权利，因为家属和领导都不同意。"每一个爱他的人都希望他活下去。"哪怕是昏迷着，哪怕是靠呼吸机，但只要机器上显示还有心跳就好。就这样，巴金在病床上煎熬了整整六年。他说："长寿是对我的折磨。"[①]

这种故事都发人深省，但是我们需要留意的是，医生、军人、名人的治疗模式与常人是不同的，表现在医疗资源分配、费用来源、医疗机会等上面。第一，我们希望他们的悲剧都作为经典案例，避免在他人身上重演；第二，我们当尝试基于经典案例给出制度化设计，为类似的悲剧操作设定约束规范；第三，我们更应该关注医疗卫生资源的配置问题，与过度治疗相比，还有很多人，他们面临的问题则是看不起病，甚至根本没有足够的费用去反复抢救、插满管子。所以，无论是悲剧或喜剧故

---

① 王云岭.现代医学与尊严死亡［M］.济南：山东人民出版社，2016：157–158.

事，终究是别人的，自己只是看客，然而对于亲人的疾病治疗与选择方式，则是自己的，需要自己做决定。那些"高大上"的故事往往派不上用场的。有一点是相同的，面对眼前的棘手情形，深思熟虑、冷静面对，做出对患者自身最好的选择则是应该考虑的首要问题。无论是准，无论是公费医疗还是自费看病，睿智的选择都是必要的，其重要性无法替代。

三、如何把握治疗分寸?

曾有位朋友的父亲身患恶性肿瘤到晚期后，这位朋友没有选择让父亲在医院进行放疗化疗，而是决定让父亲安享最后的人生——和亲友告别。他让父亲回到出生、长大的地方，在老屋的房檐下晒太阳，在田间地头和做豆腐的、种地的乡亲聊天。父亲在详和宁静中度过了最后一个幸福的春节，吃了最后一次团圆饭，7菜1汤。父亲给孩子们包的红包从50元变成了200元，还拍了一张又一张笑得像花儿一样的全家福。最后，父亲带着安详的微笑走了。他父亲走了，但儿子的手机却被打爆了，很多人指责他不孝。面对谩骂、质疑，他说："如果时光重来，我还会这么做。"尼采说："不尊重死亡的人，不懂得敬畏生命。"我们，至今还没学会如何"谢幕"。[①]这个案例引人深思，故事是别人的，选择是自己的，然而自己的每一个选择又处于大家的人伦关系网中，成为被评价的对象。

关于积极配合与治疗分寸，以下建议可以参考。

（一）充分知情、积极配合

第一，在此主张在患者意识清醒的情况下，以适当的方式告知其病

---

① 文献来源：http://www.sohu.com/a/165211624_676628

情，并尝试邀请他参与到病情治疗中来。当然，在作决定前应当考虑到有些患者得知病情后的过激反应。所以，因人而异原则仍要坚持。一般情形下，还是应以合宜的方式请患者参与到自己的诊治中来，应慢慢告别"被动病人"模式，那种"家长型"的医患关系并非首选。

第二，患者知情的主要作用在于请他参与到病情防治中来，这样无论是心理配合还是共同决策，对于患者自身而言都是最好的。而且，任何一步的治疗方案都会让患者心知肚明，从疗效上看，也是最优选择。另外一点，患者能及时反馈自身体验以及用药反应，这对于后续诊治也会很有帮助。

第三，此种模式可以避免医患伦理冲突。就医生与患者而言，彼此可以逐渐建立信任关系，从而避免伊凡·伊里奇对医生的嘲讽和不再信任之类的事。很明显，医患信任关系的确立，对于患者乃至于医生而言，都是最好的情境。另外，就患者与家属而言，彼此也可以建立一种和谐的陪伴模式，避免那种爱与善的冲突与误解，能彼此体谅，对于患者和家属的身心康复都有效。

在上述情形下，我们可以预期，即便遇到医疗手段止步的病症，患者、医生、家属也可以处于一种较为融洽的氛围中，有遗憾和无奈，但是，彼此信任、理解，而关键是彼此尊重对方的遗憾和无奈。

（二）及时沟通、适时止步

由于这里集中讨论的是终末期病人问题，因此，不必讳言，很多病人都将面临如何走向人生终点的问题。上面的故事，包括罗点点女士的倡议，依然很有参考价值。无论谁，到最后都面临如何走好人生最后一步的问题。在临终阶段，大家可以平等了。虽然在临终关怀模式上大家还是有很大差别。但也可以做到无遗憾地、宁静地离开。

第一，真实病情依然是关键，要与医生、家属及时沟通，要掌握真实的病情状况，了解得越全面，判断的依据越确凿。在经济能力允许的情况下，可以尝试不同疗法、换不同的医院、找不同的大夫。无须否认，不确定性是生命的奥妙所在。因此，根据个体情形，尝试最好的治疗还是需要的。第二，在前期准备、知情、努力争取的情形下，若无救治可能，那么可以考虑慢慢放手，转入"姑息治疗"或者"安宁疗护"阶段，侧重于减轻痛苦、身心灵宁养。如同前面提到的美国医生那样，坦然的面对病症，珍惜不多的余日，享受生活，尤其是享受与家人的共处时光。

这里首要的是减轻痛苦，宁养病房之类的主要目的就是减轻患者痛苦。尽管这方面我们的配备还很不够，但是应作为重点考量，即便有很多限制，还是要尽可能减轻痛苦。一个痛苦不堪的临终患者，很难想象他的尊严何在。

所以，医疗技术手段的止步，只是侧重点转移，不做过度治疗、无效治疗。但是，对于患者的身心痛苦不可等闲视之，而应作为重点防治范围。在身心灵痛苦的防治上、照顾上依然有很多的工作可以做。

四、尝试达成医疗手段与心理预期的中道平衡

（一）尽力积极配合治疗

固然国内外对于"临终关怀""安宁疗护""生前预嘱"的呼声很高，对于相应的"过度治疗""无效治疗""无效急救"观点主张确实有其合理性。但是，对于一般的患者与家属，我们首先要做的还是要了解病情、积极配合治疗，尤其是在自己经济实力允许的范围内尽可能了解对应医疗手段的可能性范围，为患者提供最优治疗方案。这样，可以避免事后追悔莫及。

（二）对医疗手段不可期望过高

对患者自身而言，一方面了解自己病情，另一方面也要在可能条件下了解医学界对相应病情的治疗方案、限度与可能范围。此种认知越多，随后的医患沟通越容易进行，许多专业术语才会慢慢了解，这样才能逐渐参与到后续的治疗方案以及决策中去。另外，重要的是患者自身不会处于"虚幻"的"盲目希望"中。这样，对于医生、用药、治疗方式才不会有过高期望。我们需要看到，一方面现代生物医疗技术突飞猛进，另一方面也要看到医学的无奈，确实在一些疑难杂症方面有所攻克，但还有更多的疑难杂症医生束手无策[①]。举一个普通的例子，比如说感冒，目前的治疗手段与百年前相比似乎推进不大。对于患者而言，不仅不能对医疗手段期望过高，对于相应的护理质量也不可期待过高。这并不意味着消极治疗，而是在认清现实处境的情况下，给出自己能够实际享受的最优疗护方案，而这些往往需要自己积极地去争取。我们知道，很多时候医生和护士都很忙，这就需要患者自身主动争取、预约，保护自身的应得权益。

（三）回到生命、生活与尊严

尽管有时候我们难免会触及人生终点，说白了就是"死亡"。但是，在"死亡"之前，还是处于只是余日不多的生活中，还有很多事情可以做。比如道歉、道爱、道谢。对家属、医护人员的道谢；与亲友，尤其是那些自己生命中的重要的他者告别。这些是一般的临终关怀常说的"四道"。

另外一点，可以供大家参考的是人生意义的追寻与建构。在《伊凡·伊里奇之死》中，他最后觉悟到"人生的不对头"：突然，他的胸部

---

① 卢岳华. 医学的无奈与生命的尊严：透过医学难题看生命的底色［M］. 桂林：广西师范大学出版社，2018.

和腰部受到猛烈的打击，呼吸更加困难；他掉到窟窿里，在窟窿底里有一道亮光。他觉得自己仿佛身处火车车厢里，你以为火车在前进，其实却在后退。这时他突然辨出了方向。"是的，一切都不对头，"他自言自语，"但没有关系，可以纠正的。可怎样才算'对头'呢？"他问自己，接着突然沉默了。①我认为这是极为重要的觉醒体验，甚至可以视为患者自身巨大的人生升华，即便他没有时间和机会来"纠正"人生的不对头，但是，在临终前痛苦的生活经历中，他觉醒了，认为终其一生都"不对头"。正如同托尔斯泰所说"伊凡·伊里奇过去的生活经历是最普通、最平常，但也是最可怕的"。②伊凡·伊里奇意识到自己的"可怕生活"之不对头，这对于生者是一种警醒，因为经历痛苦的人很多，并非所有人都能从痛苦中获得"警醒"或"觉悟"。伊凡·伊里奇如同《生之欲》中渡边作为"木乃伊"三十年如一日的生活那样，最后再知道自己身患绝症后，意识到自己生活的"可怕"，拼命想建构生命的意义，活得像个样子。他终于在辞职女职员启示下决定"做点事情"，而这正是伊凡·伊里奇想"纠正"而无力去做的事情，最后渡边在千辛万苦中盖了一个小型儿童公园，在秋千上，他面带笑容地安详离去。

所谓的死亡质量，其实还是在处理"生活"问题，只是在人生走向终点的时候，如何去走，如何带着尊严离开，这还是人生问题、生命问题；若是离世，尊严与体面反而是家属的问题了。

---

① 〔俄〕列夫托尔斯泰.伊凡伊里奇之死［M］.许海燕译.北京：东方出版社，2017：254.

② 〔俄〕列夫托尔斯泰.伊凡伊里奇之死［M］.许海燕译.北京：东方出版社，2017：192.

第六章

向死而生

——生命尊严与意义的自觉建构

一、"死亡"作为生命之镜
——审视人生的另一种可能

如何看待"有死"这一现象，则蕴含一种意义寻求。以中国学界为例，对"死亡"问题的研究以多重维度展开。其一，以探究"死亡以及生和爱"的"生死学"，这由华人学者傅伟勋教授于1993年提出，^①他将西方的"死亡学"^②略加改造，试图加进"爱"和"生"的元素进而建构为饱含生死智慧的"生死学"（Life-and-Death Studies）；其二，以探究"死亡的终极性、形而上学"的死亡哲学，大陆学者以段德智教授为代表，他的《死亡哲学》于1991年出版^③，他自己的定位是"死而上学"；其三，以发掘生死智慧并落实到生命教育的生死观探究，代表人物为郑晓江教授；其四，以探究"医学生物科技引发的生死伦理问题"的生命伦理学。以邱仁宗教授为代表，他将"生命伦理学"的议题归结为"生殖技术""生育控制""遗传和优生""有缺陷的新生儿""死亡和安乐死""器官移植""行为控制""政策和伦理学"等主题。^④对"死亡"问题的多重维度^⑤（不限于上述四种）展开说明了此问题的跨学科性质^⑥（还

---

① 傅伟勋.死亡的尊严与生命的尊严——从临终精神医学到现代生死学［M］.台北：正中书局，1993：序言20–21.

② Herman Feifel,. The Meaning of Death［M］. New York: McGraw-Hill. 1959.

③ 段德智.死亡哲学［M］.武汉：湖北人民出版社，1991.

④ 邱仁宗.生命伦理学［M］.北京：中国人民大学出版社，2009.

⑤ 关于此问题可参考张永超.20年来两岸学界关于"生死问题"的不同进路及其比较［J］.福建江夏学院学报.2015（4）：80–85.

⑥ 刘君莉，张永超."第一届中国当代死亡问题研讨会"会议综述［J］.医学与哲学.2017（3A）：96.

包括心理学、考古学、人类学等领域以及业界如殡葬业的关注①），因此这一领域有着丰富的多学科成果以资借鉴和融汇；同时也说明进一步对"死亡"问题的探讨，自觉限定问题域与聚焦主题是必要的，否则将泛滥无归而难以有所推进。

"死亡"作为"生命"②之镜的新视角。具体来讲，接续上述学界对"死亡"问题的探讨，在此侧重于回到中西文明的经典文本中（以儒耶为例）探究其如何看待"死亡"问题，对"死亡"又是如何超越的，又如何以"死亡"为镜，来反观、建构"生命"的意义。由此以"死亡"为镜，在比较视阈下，以经典文本为据，我们会看到中西不同的"死亡"观及其超越之处。中国人有"讳言死"的说法，然而以"死亡"为镜，却可以彰显"生命"的意义。由上我们看到在先秦经典文本中有提到"死亡"为"休息"以及"三不朽"的说法；而在西方文明经典文本《圣经》中则有"永生""复活"的表述，如何理解这些"不朽"方案？其产生歧异的原因何在？比较之下，不同的"不朽"观对"人生"之意义又有何种建构？

关于中国传统思想中对"死亡"问题的探讨，康韵梅博士认为可以从四个方面考虑。第一，基于神话传说中的变形神话而揭示的"死生相继"；第二，基于道家道教思想中长生久视而成仙思想；第三，基于民俗传统中丧祭墓葬中的"死而不亡"信仰；第四，基于儒家实用理性的生命价值不朽。③关于西方传统思想关于"死亡"问题的讨论同样可以有多重方法比如"死亡哲学""死亡学"等。为了集中论题，我们将自觉聚焦在儒家与基督教经典文本对"死亡"之看法尤其是对"死亡"之超越上，

---

① 胡宜安.现代生死学导论［M］.广州：广东高等教育出版社，2009.（此书突显了生死问题的复杂与多维）。

② 需要说明的是，在不同研究者那里对于"生命"有类似于"社会生命""精神生命""生理生命"等界定，对于"死"也有"心死""身死"的说法，避免语词上的歧义，本文对"生命"与"死亡"之界定主要就生理性"身体"立论，涉及"灵性"层面意义的"生命"会单独注释标明。

③ 康韵梅.中国古代死亡观之探究［M］.台湾大学中国文学研究所博士论文，1992：238-240.

选取儒家、基督教是考虑到其对中西文明塑造的典型性，基督教对西方文明之影响自不待言，陈寅恪论及儒家之影响时说："故二千年来华夏民族所受儒家学说之影响最深最巨者，实在制度法律公私生活之方面。"[①]围绕"死亡"及其超越这一主题，在此从三个方面展开：对"死亡"之看法及其超越；比较中西不同超越路径之原因；"不朽"对于"向死而生"的意义。

二、以生释死：通过善生而达致善死与"天下大治"

（一）儒家之生死观：以生释死与民生旨归

儒家之生死观以《论语》为中心展开。在《论语》中涉及"死"主题的文献总计出现38次[②]，除了《学而》《八佾》《公冶长》《子路》《阳货》《尧曰》六篇未论及外，其它十四篇均有关于"死"这一主题的讨论。其"向死而生"的路径如下：

1.以生释死：通过"知生"以"知死"

关于"死亡"主题，于今而言似乎多有避讳，但是，依照《论语》文本所载，对于"死亡"似乎以平实自然的态度视之。在《为政》篇孔子说："生事之以礼；死葬之以礼，祭之以礼。"（《论语·为政》）孔子与颜回的对话，也可以印证他们对死亡的态度，在《先进》篇有载：子畏

---

①　陈寅恪.审查报告三［M］//冯友兰.中国哲学史（下册）.上海：华东师范大学出版社，2011：336.

②　根据中国哲学书电子化计划（https://ctext.org/zh）数据库检索，检索主题词"死"，符合次数：38。

于匡，颜渊后。子曰："吾以女为死矣。"曰："子在，回何敢死？"（《论语·先进》）孔子弟子子夏甚至说"死生有命，富贵在天"（《论语·颜渊》），曾子亦说"人之将死，其言也善"（《论语·泰伯》）。这里需要说明的是，第一，此种对于死亡坦然视之的态度，并不意味着轻视生命或认可轻易寻死。孔子明确提到"暴虎冯河，死而无悔者，吾不与也。"（《论语·述而》）劝诫弟子避免"不得其死"，《先进》篇有载："若由也，不得其死然。"（《论语·先进》，另也可参见《论语·宪问》孔子的评论）可以说，徒逞匹夫之勇、无谓死亡的行为一直是儒家所反对的，比如其后继者孟子便说"莫非命也，顺受其正。是故知命者，不立乎巌墙之下。尽其道而死者，正命也。桎梏死者，非正命也。"（《孟子·尽心上》）

第二、对于死亡并不采取犹如今日死亡学"探究死亡"的本质主义立场，而是"以生释死"。常为学界引用的：季路问事鬼神。子曰："未能事人，焉能事鬼？"敢问死。曰："未知生，焉知死？"（《论语·先进》）由此可以看出，孔子并非反对"知死"，而是更看重"知生"，"知生"优先于"知死"，甚至可以说通过"知生"而诠释"知死"。另一旁证可参考，在《说苑》中有载：子贡问孔子："死人有知无知也？"孔子曰："吾欲言死者有知也，恐孝子顺孙妨生以送死也；欲言无知，恐不孝子孙弃不葬也。赐欲知死人有知将无知也？死徐自知之，犹未晚也！"（《说苑·辩物》）可以说，孔子此种"以生释死"的路向与商周时期注重吉凶占卜的生死观是一种理性化演进。"以生释死"是一种"向死而生"的态度，注重人自身对"生"的谋划，以此而逐渐融合形成"不朽"的人生观，"三不朽"的原初表达可参见《左传·襄公二十四年》。

《论语》"以生释死"，注重生，但是"生"之视听言动皆需循礼以行（参见《论语·颜渊》"非礼勿视"）不仅生行需要遵循礼，死葬同样需要遵循礼。

2.葬之以礼："颜回厚葬"之争与孔子对礼的坚守

孔子说"生事之以礼；死葬之以礼，祭之以礼。"（《论语·为政》）关于"葬之以礼"在"颜渊之死"事件中有着最为突出的显示。

　　《论语》中的死亡事件，有着广泛的涉猎，比如有提到孔子之死（《论语·子罕》）、"朋友死"（《论语·乡党》）、"弈之死""召忽死""管仲不死"（《论语·宪问》）、"齐景公之死"（《论语·季氏》）、"微子、箕子、比干之死"（《论语·微子》），但是这些死亡事件多是一笔带过，较多讨论的是"管仲不死"事件，但是，都无法与"颜回之死"事件相比。在《先进》篇中记载：颜渊死。子曰："噫！天丧予！天丧予！"这是很深沉、悲壮的哀思，而且明确提到：颜渊死，子哭之恸。从者曰："子恸矣。"曰："有恸乎？非夫人之为恸而谁为！"（《论语·先进》）这里可以看出，孔子对于弟子颜回之情感是何等真挚，其它死亡事件皆未有此种"子哭之恸"的记载，更无"天丧予"的哀嚎。我们知道，孔子对于颜回有着很高的评价，在《雍也》中记载：哀公问："弟子孰为好学？"孔子对曰："有颜回者好学，不迁怒，不贰过。不幸短命死矣！今也则亡，未闻好学者也。"（《论语·哀公问》）此种评价在《先进》篇中再次提及。

　　颜回之好学深得孔子认可，据论语记载颜回不仅好学，而且也以德行著称：德行：颜渊，闵子骞，冉伯牛，仲弓（《论语·先进》）孔子说："贤哉回也！一箪食，一瓢饮，在陋巷。人不堪其忧，回也不改其乐。贤哉回也！"（《论语·雍也》）宋明时期更有"孔颜之乐所乐何事"的典故流传，可以说颜回是孔子追随者中获评最高的弟子，颜回对孔子也有着极高的敬礼，上引《论语·先进》颜回之语："子在，回何敢死？"足见其情感之深。然而，他却英年早逝。上述孔子"哭之恸"便可以理解，但是，即便有着"天丧予"的悲号，对于颜回的安葬，孔子则没有任情厚葬，而是坚持"葬之以礼"。

　　首先是颜路的恳请：颜渊死，颜路请子之车以为之椁。子曰："才不才，亦各言其子也。鲤也死，有棺而无椁。吾不徒行以为之椁。以吾从大夫之后，不可徒行也。"（《论语·先进》）这里可以看出，孔子坚持葬之以礼，不主张厚葬，尽管他的理由在今日看来似乎有些不近人情；而且，我们可以看到其子孔鲤之死也是"有棺而无椁"。若与上面孔子对于"颜回之死"的情感反映"哭之恸""天丧予"进行对比，会产生强烈的反差。而且，根据《论语》记载，颜回后来还是被孔子弟子厚葬了，但是，孔子再次表示不予认可：颜渊死，门人欲厚葬之，子曰："不可。"门人厚葬之。子曰："回也视予犹父也，予不得视犹子也。非我也，夫二三子也。"（《论语·先进》）这里可以看出，孔子对于"葬之以礼"的坚持。另外，可以做为"葬之以礼"旁证的是，孔子一次生病，弟子越礼以待，他极为愤怒（《论语·子罕》），在《乡党》中也提到：朋友死，无所归。曰："于我殡。"（《论语·乡党》）对于无礼之人，他直言批评甚至"以杖叩其胫"（《论语·宪问》）。总结上述，对于"颜回之死"事件的处理，可以看出，孔子注重"情感"，更坚持"葬之以礼"。

3.礼以善生：仁礼道义的民生指向

进而言之，《论语》固然"以生释死"，注重"葬之以礼"，但是并不意味着儒家的态度是"生命至上"、个体生命高于一切，或者说"礼仪至上"。基于《论语》中三十八次出现的"死亡"论述，我们可以明显看出，在对比语境下："道"与"死"，"信"与"死"，"仁义"与"死"，孔子有着明确的权衡侧重。比如孔子说："朝闻道，夕死可矣。"（《论语·里仁》）此句可以明显看出"道"重于"死"。孔子说"笃信好学，守死善道。"（《论语·泰伯》）可以作为旁证。曾子也提到："士不可以不弘毅，任重而道远。仁以为己任，不亦重乎？死而后已，不亦远乎？"（《论语·泰伯》）这里需要说明的是，此种"善道"甚或高于死的态度并不意味着对生命的漠视。因为"善道"正是为了"生"，甚或可以说为了"安人""安百姓"（《论语·宪问》）这一天下众生之道。

孔子说："民之于仁也，甚于水火。水火，吾见蹈而死者矣，未见蹈仁而死者也。"（《论语·卫灵公》）孔子并非提倡"蹈仁而死"，但是，"仁义之道"重于肉体生命，所以孔子会说：志士仁人，无求生以害仁，有杀身以成仁。（《论语·卫灵公》）这一点也为孟子所继承："二者不可得兼，舍生而取义者也"（《孟子·告子上》）由此我们可以说，并非孔子不注重个体的肉体生命，但是，与仁义、安邦之道相比，肉体生命，尤其是个体生命并非是最重要的。"道高于身"以及"道高于君"之立场一直到荀子毅然坚持（《荀子·臣道》）。在《颜渊》篇的记载可以作为旁证：子贡问政。子曰："足食。足兵。民信之矣。"子贡曰："必不得已而去，于斯三者何先？"曰："去兵。"子贡曰："必不得已而去，于斯二者何先？"曰："去食。自古皆有死，民无信不立。"此种注重"民信"优先于维持生命食粮的看法，与上述仁义优先、道义侧重是一致的。

尤为要者，注重礼仪、仁义、民信、弘道，最终还是为了回到民生、天下众生。这一点可以从孔子对管仲的评判中看出来，子路说："桓公杀公子纠，召忽死之，管仲不死。"曰："未仁乎？"子曰："桓公九合诸侯，不以兵车，管仲之力也。如其仁！如其仁！"（《论语·宪问》）子贡也说："管仲非仁者与？桓公杀公子纠，不能死，又相之。"子曰："管仲相桓公，霸诸侯，一匡天下，民到于今受其赐。微管仲，吾其被发左衽矣。岂若匹夫匹妇之为谅也，自经于沟渎，而莫之知也。"（《论语·宪问》）由此可以看出，孔子最终以民生安宁为第一标准，甚或优先于世俗之礼仪，因为管仲僭礼甚多（参见《论语·八佾》）。尽管孔子对于"礼"有着深沉的敬畏，但是"礼"是生人之礼，为了善生而非赴死。而且对于"礼"孔子也有着"以仁释礼"的新生诠释，孔子说："礼云礼云，玉帛云乎哉？"（《论语·阳货》）"人而不仁，如礼何？"（《论语·八佾》）由此观之，孔子将礼仪建基于"仁义"，而仁义之道最终是为了百姓之民生安宁、富教：子曰："修己以敬。"曰："如斯而已乎？"曰："修己以安人。"曰："如斯而已乎？"曰："修己以安百姓。修己以安百姓，尧舜其犹病诸！"（《论语·宪问》）

通过上述《论语》中"死亡事件"的解析，我们可以看出，儒家对于"死亡"的坦然，对于"人生"的注重，对于"礼仪"的强调，但是，这一切都回到了仁政、民生这一"天下众生关怀"上来，其具有优先性，高于君、高于礼，君与礼甚或仁义都是为了实现这一目标而立的。然而，无论是礼仪还是仁义，在道家看来，对于天下民生的种种关怀与知其不可为之的努力，都是有悖天道的师心自用和南辕北辙的劳而无功，不仅无效而且"乱莫甚焉"（《庄子·天运》），仁义"撄人之心"（《庄子·在宥》），爱民"害民之始"（《庄子·庚桑楚》），从言辞对比上看，儒家所提倡的，道家处处反对。道家的"向死而生"路径如下。

（二）道家的生死观：解除生死桎梏而"天下大治"

道家生死观将以《庄子》文本为中心展开。据检索，《庄子》文本内七篇、外十五篇、杂十一篇总计涉及"死"180次①，考虑到《庄子》文本的成书复杂性，下面论述以内七篇为主，仅有限度旁涉"外篇"和"杂篇"部分章节。内七篇中除了《人间世》一篇外，其它六篇均有论及"死"，字频数总计48次，下面分主题予以展开。

1.生死桎梏：对儒家生死观的自觉"扬弃"

相对于上述《论语》中的"以生释死"，道家的主张，根据《庄子》经典文本的记载可以看出，他们对于"死"非但不避讳，而且坦然；不仅坦然，而且乐观。若说在形式上，儒家、道家对于"死亡"皆不避讳、坦然相待是相同的，但是，对于何以坦然之理则绝然不同。不仅不同，在道家看来，儒家"以生释死"之主张，尤其是注重"礼仪"、"仁义""求道""安民"等非但不能安民正所以害民，非但不能顺生正所以"伤性"，一句话，儒家的种种主张在道家看来只是"桎梏"（《庄子·德充符》）。

第一、在《庄子》文笔之下，孔子不知生死，甚至根本不知"礼"。我们可以首先看一下《大宗师》的记载：子桑户死，未葬。孔子闻之，使子贡往侍事焉。或编曲，或鼓琴，相和而歌曰："嗟来桑户乎！嗟来桑户乎！而已反其真，而我犹为人猗！"子贡趋而进曰："敢问临尸而歌，礼乎？"二人相视而笑，曰："是恶知礼意！"（《庄子·大宗师》）孔子对此以"方内""方外"予以化解，其实对于孔子的主张，在《庄子》语境中，不是"方内""方外"之别，而是"保守"与"更生"之别，儒家墨守成规不知与时俱进："故礼义法度者，应时而变者也。今取猨狙而衣

---

① 中国哲学书电子化计划 https://ctext.org/zh，检索主题词"死"，符合次数：180。

以周公之服，彼必龁啮挽裂，尽去而后慊。观古今之异，犹猨狙之异乎周公也。"（《庄子·天运》）《庄子》中的主张是对孔子思想的扬弃，甚至《庄子》托名儒家不屑的盗跖教训孔子："丘之所以说我者，若告我以鬼事，则我不能知也；若告我以人事者，不过此矣，皆吾所闻知也……丘之所言，皆吾之所弃也，亟去走归，无复言之！子之道，狂狂汲汲，诈巧虚伪事也，非可以全真也，奚足论哉？"（《庄子·盗跖》）。儒家的主张，似乎是道家所"闻知"并自觉"所弃"的东西。

第二、儒家的生死主张之所以为道家"所弃"，原因在于本为爱民实则害人。在道家看来，儒家所做只是徒劳："终身役役而不见其成功，苶然疲役而不知其所归，可不哀邪！"（《庄子·齐物论》），而且"德荡乎名，知出乎争。名也者，相轧也；知也者，争之器也。"（《庄子·养生主》）不仅徒劳，导致无谓纷争，而且足以害民，乱天下：老聃曰："天下脊脊大乱，罪在撄人心。"（《庄子·在宥》）"三皇、五帝之治天下，名曰治之，而乱莫甚焉。"（《庄子·天运》）由此可见，道家不仅反对儒家之主张，对于其敬仰的理想一并颠覆。其根本缘由在于道家看到礼乐传统自身内在的相悖性，动机纯正却适得其反："爱民，害民之始也；为义偃兵，造兵之本也。…君虽为仁义，几且伪哉！"（《庄子·徐无鬼》）正如同《道德经》所说："夫礼者，忠信之薄，而乱之首也"。（《道德经·三十八章》）

概而言之，之所以儒家的主张是作茧自缚而且桎梏难解，关键在于其用心于"修己安人、安百姓""礼仪""仁义之道"，换句话说，他们的生死观根本就是错误的，甚至不可救药（《庄子·德充符》）。

2.死生一条："老聃之死"事件与生死皆逍遥之可能

对于生死问题，于道家而言，应如是看待："死生一条"（《庄子·德充符》）、"死生同状"（《庄子·天地》），不必悦生亦不必恶死，方生方死，甚至不必刻意区别。因此注重生之事功与死之葬礼，在道家看来都是师心自用，儒家正因为有此主张才自我桎梏。此种不同生死理解，孔子所称许的伯夷（可参见《论语·季氏》，另可参见《论语·微子》），在庄子看来只是"残生伤性"的典型："若其残生损性，则盗跖亦伯夷已，又恶取君子小人于其间哉？"（《庄子·骈拇》）"与其誉尧而非桀，不如两忘而化其道"（《庄子·大宗师》）此种对于生死之不同判准，在"老聃之死"中有着精彩的展现：

> 老聃死，秦失吊之，三号而出。弟子曰："非夫子之友邪？"曰："然。""然则吊焉若此，可乎？"曰："然。始也，吾以为其人也，而今非也。向吾入而吊焉，有老者哭之，如哭其子；少者哭之，如哭其母。彼其所以会之，必有不蕲言而言，不蕲哭而哭者。是遁天倍情，忘其所受，古者谓之遁天之刑。适来，夫子时也；适去，夫子顺也。安时而处顺，哀乐不能入也，古者谓是帝之县解。"（《庄子·养生主》）

接续上面的分析，道家对于儒家的生死主张处处反对，而且以几种实例以寓言的形式予以说明，

其实对于死的坦然，上面依据《论语》文本的分析，与《庄子》的死亡观并无本质歧异，其根本异点在于"生"，儒家强调"修己安人"、注重德行、功业，但是这一点在庄子看来更多只是自我束缚、适得其反，庄子以几则寓言予以嘲讽，典型者如"混沌之死"（《庄子·应帝王》），在儒家看来，知恩图报，以礼相待，但是"报浑沌之德"的初衷却导致了混沌的死亡，此种师心自用、强加于人的"智慧"，在道家看来是根本错误的，只会适得其反。此种事例还可参见"伯乐死马"（《庄子·马蹄》），"海鸟之死"亦可作为旁证（《庄子·至乐》）。这些合礼、善治、用心，只是导致了对方的惨死，心智机巧在道家看来往往都不得好死（参见《庄子·逍遥游》"狸狌之死"、《庄子·徐无鬼》"巧狙之死"）。因此才有"心如死灰""吾丧我"（《庄子·逍遥游》）的主张。自然对于儒家"葬之以礼"的做法，庄子也根本反对，如同上面的批评"是恶知礼意！"（《庄子·大宗师》），这一点在"庄子妻死鼓盆而歌"中再次得到

印证（《庄子·至乐》）。道家之所以对死如此达观，正在于"生死一气"而顺其自然之主张：生也死之徒，死也生之始，孰知其纪！人之生，气之聚也，聚则为生，散则为死。若死生为徒，吾又何患！（《庄子·知北游》）

因此，持有上述主张，不仅诋谀孔子（可参见"以诋訕孔子之徒，以明老子之术"《史记·老子韩非列传》），而且对于其它"知人生死存亡"的神巫之类则予以刻薄、嘲讽（《庄子·应帝王》）然而，需要说明的是，尽管庄子对于儒家的生死观极尽刻薄之能事，甚至提出"心若死灰"（《庄子·逍遥游》），但是，综合《庄子》的"死亡"主题论述，其目的则在于："善生善死"和"天下大治"，其目标与孔子并无二致，但是同归殊途。

3.善生善死：由藏人心而"治天下"

道家的"善生善死"尽管与儒家有着不同的界定，但是，我们可以看出其是儒家生死观的进一步而非退回原始野蛮之境，这是对礼乐文明反思解构后的复归天道自然："夫大块载我以形，劳我以生，佚我以老，息我以死。故善吾生者，乃所以善吾死也。"（《庄子·大宗师》）而且这也是"古之真人"的标准："古之真人，不知说生，不知恶死…是之谓不以心捐道，不以人助天。"（《庄子·大宗师》）由此才可以真正做到"善生善死"："相濡以沫，不如相忘于江湖。与其誉尧而非桀，不如两忘而化其道。"（《庄子·大宗师》）在庄子看来不仅"藏舟于壑，藏山于泽"是最稳固之策，而且要"藏人心"才能真正"天下大治"（《庄子·在宥》）。

在上述意义上方可以理解"心如死灰"（《庄子·逍遥游》）、"坐忘""不死不生"（《庄子·大宗师》）以及"不知死不知生"（《庄子·寓言》）的主张。此种"善生善死"是一种"闻天籁"（《庄子·逍遥游》）和"两忘而化其道""与造物者为人，而游乎天地之一气"（《庄子·大宗师》），不仅仅是一种生死逍遥的境界，更是一种"天下大治"（《庄子·在宥》）的策略。这一点在"混沌之死""海鸟之死""治马之死"寓言中可以得到反证：然且世世称之曰："伯乐善治马，而陶、匠善治埴木。"此亦治天下者之过也（《庄子·马蹄》）。庄子所谈飞禽走兽最终都指向人，不仅仅是个体生命悲歌更是是"天下大治"。庄子文本中个体与天下是一体的，天人是合一的，庄子的葬礼很明显确实达到了与"造物者游"的境地："吾以天地为棺椁，以日月为连璧，星辰为珠玑，万物为赍送。吾葬具岂不备邪？何以加此！"（《庄子·列御寇》）其言"洸洋自恣以适己"（《史记·老子韩非列传》）、其想象力之天马行空，于今人心灵之丰富拓展皆可开无数法门，但是就当时语境而言，庄子是一个"胸怀天下"的人，其反对儒家的自我桎梏，但是其目标依然指向天下民生，这是对老子的继承和新生，自然也易引起别有用心的误用。

前面我们提及李泽厚在谈及中国人的死亡意识时说：在中国人的意识里时间首先是与人的生死存亡联系在一起的。事物在变迁，生命在流逝，人生极其有限，生活何其短促……。那么，有没有可能或如何可能去超越它呢？去构造一个永恒不变的理念世界吗？去皈依上帝相信灵魂永在吗？在神的恩宠和灵魂的不朽中去超越这个有限的人生、世界和时空吗？有这种超越、无限、先验的本体吗？对此，李泽厚先生回答道："中国哲人对此是怀疑的…孔子和儒家没有去追求超越时间的永恒，正如没有去追求脱去个性的理式（idea）、高于血肉的上帝一样。……这里是将死的意义建筑在生的价值之上，将死的个体自觉作为生的群体勉励。在儒家哲人看来，只有懂得生，才能懂得死，才能在死的自觉中感觉到存在。"①

李先生的论述可以作为中国人对于生死观念的一个小结，同时下面我们也可以去反观西方的死亡观念，他们也承认"有死"、也承认"不朽"，也勉励此生的辛苦努力，但是，其依据不是人情自身，而是基于超越性的理念、至高的上帝，因此在神的恩宠和灵魂的不朽中去超越这个有限的人生、世界和时空。

---

① 李泽厚：《华夏美学》，《李泽厚十年集》第一卷，合肥：安徽文艺出版社，1994年版，第260–261页

三、认同"有死"事实的不同超越

（一）不同的超越路径："不朽"与"复活"

基于儒家、基督教经典文本对"死亡"的看法，我们看到对于"有死"的事实两家是供认的。超越路径则不同，儒家侧重"知生"而"不朽"，基督教则强调"复活"与"永生"。《论语》文本里提到"颜渊死，子哭之恸。"（《论语·先进》）"死生有命富贵在天"（《论语·颜渊》）可以为证，尽管孔子称"未知生，焉知死？"但这并不否认"有死"的事实，而只是一种"向死而生"的人生智慧。面对"有死"，儒家将问题引向了"知生"，因此注重此生的"立德立功立言"，这便是"不朽"了，固然其"德功言"有着对象和次序限定，比如"亲亲而仁民，仁民而爱物"（《孟子·尽心上》）的自觉。但是，这种对于"知生"的努力，无形中赋予了生命的意义，其他层面"死在故国"这"不朽"以及"子孙繁衍祭祀不绝"意义上这不朽便以此为中心展开。就这层面来讲，"知生"的努力便具有某种超越性，由此的"死亡"只是一种宁静之安息。"生理性身体"终将"归土"，但是，其精神层面则是"不朽"的，这里没有"灵魂""上帝"的设定，先秦儒家"向死而生"进而侧重"知生"而达到"不朽"的思路是圆满自足的，这就是说在传统社会提供了一种理想的富有意义的人生之道。

基督教在此问题上则围绕"受难与复活"展开。《马太福音》等经典文本向我们展示了"男孩之死""约翰之死""犹大之死"等例子，对于肉体之死亡同样得到认可，但是，与儒家不同，这些"死亡"都以"耶稣"为中心展开，贯穿"降生—领洗—传道—受难—复活"。此一路径是独特的，肉体之死亡在基督教语境里不是重点，死后之复活，尤其是"复活"的依据才是重点。我们看到"叫人活着的乃是灵，肉体是无益的"（约6：63）"身体没有灵魂是死的"（雅2：26）这里明确将人由"肉体"拉向了"灵魂""复活"，此一路径与儒家将人由肉体的"死亡"拉向"知生"不同，固然基督教也强调"知生"与"此世"的努力，但是，很明显"此世"的努力都有其背后的神性依据。我们可以进一步追问此种对于"死亡"之超越路径，为何一者是"不朽"而一者是"复活"？如同上面我们所分析的，这与儒耶两家对"生命"的界定不同。

（二）不同超越路径之深层原因：对"生命"的不同界定

对"死亡"问题的探讨，固然儒家基督教有着不同的路径，但是，二者都共同回到了"生命"问题上来，由此可看出"向死而生"的深层蕴意：死亡作为生命之镜，最终将人拉向此生的意义寻求，尽管二者有着不同的依据。

儒家对"生命"之界定，如同上面孔子所言："气也者，神之盛也；魄也者，鬼之盛也；合鬼与神，教之至也。众生必死，死必归土：此之谓鬼。"（《礼记·祭义》）主要是从物质性的"气"来解说人之神、魄。参照其它文本，我们可以发现先秦经典对于"生命"的产生论述甚少，其侧重在于既有生命的"知生"努力，有限的文本涉及到此问题的有"天生蒸民，有物有则。"（《诗经·大雅·蒸民》）"天地氤氲，万物化醇。男女构精，万物化生。"（《易经·系辞下》）《管子》"枢言"篇云"有气则生，无气则死，生者以其气。"乃至于后来周敦颐说"阳变阴合，而生水火木金土，五气顺布，四时行焉。……二气交感，化生万物，万物生生而变化无穷焉。"（《太极图说》）这里也基本延续先秦儒家的思路由天之"氤氲"之气而"化生"大地人，后来则将阴阳五行学说融汇进来，产生（元气——阴阳——五行——天地人）的演化模式①。由此可以看出，此种基于物质性

---

① 关于中西天地人产生方式可参考张永超.创生与化生：从起源角度探究中西文明融合的困境及其可能［J］.哲学与文化月刊.2016（3）：171–188.

的"气"所孕育的"生命"没有"灵性"或"神性"依据，因此物质性的"气"的死亡便为"归土"，没有彼岸世界的追寻，但是，儒家自觉地由"知生"通过"德功言"的努力而赋予了"不朽"的意义。

但是，基督教方面对"人之生"包括"天地"之生，都有着明确的观点，我们从典籍所看到的基督教的"创生"模式中，人蕴含了"尘土—灵性"两个维度，而且二者地位不同，这形成了"肉体—灵魂"之间的某种张力。但是，我们需要留意的正是"灵魂"的设定，使后来"复活"，基督教称"复活的是灵性的身体"（林前15：44），而且正是"灵性"层面赋予了人性的尊严和意义。由此我们可以看出，基督教在对"死亡"之超越上，提出"复活"的路径，有别于儒家，但其深层缘由则在于"灵性生命"的设定，这一层面先秦儒家少有论及。因此，在"生"的问题上，中国文化基于物质性的"气"进而彰显其人道意义，突出"造端乎夫妇"（《中庸》）的人间事实，并强调在"人间世"的"知生"努力，因此而追求"不朽"；而在西方，"生命"是被创造的，由神创造出来，而且赋予了人"有灵"，因此生命的意义在于灵性的"复活"与"回归"。

基于上述分析，我们看到儒家基督教共同认可"有死"的事实，但都自觉有所超越，儒家"向死而生"表现为"知生"之努力而"不朽"；基督教则在"有灵"设定下基于"爱的诫命"，肉体"死"后而有灵性的与"永生"。儒家的不朽在于子孙的繁衍，更在于此生的"立德立功立言"的尽伦尽职，而基督教的"不朽"在于"灵性"的不朽。儒家的不朽不是最终意义上的，儒家的不朽就体现在时间之流的过程当中，体现在人伦日常的伦职关系中。

死亡是生命之镜，亚里士多德①有"朋友如镜"的说法（《大伦理学》，

———————————

① 需要说明的是亚里士多德对于"子孙繁衍意义"下的不朽在《论灵魂》《论生成和消灭》《政治学》等论著中有所讨论并认可其合理性，但对其评价并不高，因为他认为真正体现"不朽""神性"的在于"思辨"，那才是最高的善与第一位的幸福，德性幸福在其次。详细分析参见：余纪元．亚里士多德伦理学［M］．北京：中国人民大学出版社，2011：219-222．（"思辨与幸福"）。

1213a20-26），我们当暂时放下习俗忌讳，或可以称死亡为生命之友，它不仅为生命划定边界，同时亦让我们反省世俗中人生"活着"的意义及寻求"不朽"的可能。

我们也应以他者文明为镜、为友，以此来反观面对共同的"有死"的事实，还有哪些可以共享的思想资源。"立德立功立言"之"不朽"在现代语境下蕴含了对他者文明的敬畏与虔诚学习。其中重要的一点便是"科学""民主"及其理性思维方式的学习。

主要参考文献

［1］傅伟勋.死亡的尊严与生命的尊严——从临终精神医学到现代生死学［M］.台北：正中书局，1993.

［2］傅伟勋.论人文社会科学的科际整合探索理念及理路［J］.佛光学刊，1996(1).

［3］李义庭，刘芳.生命关怀的理论与实践［M］.北京：首都师范大学出版社，2012.

［4］列夫·托尔斯泰.伊凡·伊里奇之死［M］.许海燕译.北京：东方出版社，2017.

［5］王云岭.现代医学与尊严死亡［M］.济南：山东人民出版社，2016.

［6］葛文德.最好的告别：关于衰老与死亡，你必须知道的常识［M］.彭小华译.杭州：浙江人民出版社，2015.

［7］艾拉·毕奥格.优雅的离别：让和解与爱相伴最后的旅程［M］.晏萍，魏宁译.北京：机械工业出版社，2018.

［8］卢岳华.医学的无奈与生命的尊严：透过医学难题看生命的底色［M］.桂林：广西师范大学出版社，2018.

［9］赵汀阳.论可能生活［M］.北京：中国人民大学出版社，2004.

［10］林绮云.生死学［M］.台北：洪叶文化有限公司，2000.

［11］波伊曼.生与死——现代道德困境的挑战［M］.江丽美译.香港：桂冠图书股份有限公司，1997.

［12］沈铭贤.生命伦理飞入寻常百姓家——解读生命的困惑［M］.上海：上海科技教育出版社，2011.

［13］徐宗良.面对死亡——死亡伦理［M］.上海：上海科技教育出版社，2011.

［14］郑晓江.生命与死亡——中国生死智慧［M］.北京：北京大学出版社，2011.

［15］郑晓江.中国生死智慧［M］.南昌：江西人民出版社，2013.

［16］郑晓江.生命教育演讲录［M］.南昌：江西人民出版社，2008.

［17］郑晓江.穿透死亡［M］.南昌：江西教育出版社，2000.

［18］郑晓江.善死与善终——中国人的死亡观［M］.昆明：云南人民出版社，1999.

［19］郑晓江.穿透人生［M］.上海：上海三联书店，1999.

［20］郑晓江.学会生死［M］.郑州：中州古籍出版社，2007.

［21］郑晓江.感悟生死［M］.郑州：中州古籍出版社，2007.

［22］郑晓江.生命忧思录：青少年生命教育刻不容缓［M］.福州：福建教育出版社，2011.

［23］郑晓江.生死智慧——中国人对人生观及死亡观的看法［M］.中国台湾地区台北：汉欣文化出版，1997.

［24］郑晓江.叩问人生——中西方哲人的人生智慧［M］.中国台湾地区台北：汉欣文化出版，1997.

［25］郑晓江.祸福之门：中国人的生存智慧与生活艺术［M］.中国台湾地区台北：汉欣文化出版，1997.

［26］郑晓江.超越死亡［M］.中国台湾地区台北：正中书局，1999.

［27］郑晓江.中国死亡智慧［M］.中国台湾地区台北：三民书局，1994.

［28］郑晓江.生命终点的学问［M］.中国台湾地区台北：正中书局，2001.

［29］郑晓江.中国生命学——中华贤哲之生死智慧［M］.中国台湾地区台北：杨智文化出版，2005.

［30］郑晓江.生死学［M］.中国台湾地区台北：杨智文化出版，2006.

［31］钮则诚等.生死学［M］.中国台湾地区台北："国立"空中大学出版社，2005.

［32］钮则诚.殡葬与生死［M］.中国台湾地区台北："国立"空中大学出版社，2007.

［33］尉迟淦.生死学概论［M］.中国台湾地区台北：五南图书出版公司，2000.

［34］黄天中.死亡教育概论Ⅰ——死亡态度及临终关怀研究［M］.中国台湾地区台北：业强出版社，1991.

［35］黄天中.死亡教育概论Ⅱ——死亡教育课程设计研究［M］.中国台湾地区台北：业强出版社，1992.

［36］张淑美.死亡学与死亡教育［M］.中国台湾地区高雄：复文书局，1996.

［37］段德智.西方死亡哲学［M］.北京：北京大学出版社，2006.

［38］段德智.死亡哲学［M］.武汉：湖北人民出版社，1991.

［39］段德智.死亡哲学［M］.中国台湾地区台北：洪叶文化有限公司，1994.

［40］陈德光.生命教育与劝人教育［M］.中国台湾地区台北：幼狮文化股份有限公司，2010.

［41］邱仁宗.生命伦理学［M］.北京：中国人民大学出版社，2012.

［42］吴素香.善待生命——生命伦理学概论［M］.广州：中山大学出版社，2011.

［43］程新宇.生命伦理学前沿问题研究［M］.武汉：华中科技大学出版社，2012.

［44］杨耀文.文化名家谈生死［M］.北京：中央编译出版社，2011.

［45］辜琮瑜.最后一堂生死课［M］.北京：世界图书出版社，2011.

［46］孙胜杰，等.向死而生——哲学大师的死亡笔记［M］.武汉：华中科技大学出版社，2013.

［47］王计生.事死如生：殡葬伦理与中国文化［M］.上海：百家出版社，2002.

［48］华特士（J. Donald Walters）.生命教育：与孩子一同迎向人生的挑战（*Education for life—Preparing Children to Meet Challenges*）［M］.林莺译.中国台湾地区台北：张老师文化出版社，1999.

［49］Lynne Ann Despelder, Albert Lee Strick land.死亡教育［M］.黄雅文等译.中国台湾地区台北：五南图书出版公司，2006.

［50］威廉·B.欧文.生命安宁——斯多葛哲学的生命艺术［M］.北京：中央编译出版社，2013.

［51］何怀宏.生生大德［M］.北京：北京大学出版社，2011.

［52］李义庭，刘芳.生命关怀的理论与实践［M］.北京：首都师范大学出版社，2012.

［53］王邦雄.生命的学问十讲［M］.北京：中国人民大学出版社，2009.

［54］陆幼青.生命的留言［M］.北京：华艺出版社，2000.

［55］西蒙·梅.爱的历史［M］.孙海玉译.北京：中国人民大学出版社，2013.

［56］吴飞.自杀作为中国问题［M］.北京：三联书店，2007.

［57］吴飞.浮生取义——对华北某县自杀现象的文化解读［M］.北京：中国人民大学出版社，2009.

［58］吴飞.自杀与美好生活［M］.北京：三联书店，2007.

［59］库少雄.自杀：理解与应对［M］.北京：人民出版社，2010.

［60］武志红.解读"绝望"——自杀与杀人背后的心理分析［M］.北京：世界图书出版公司，2011.

［61］海青."自杀时代"的来临？——二十世纪早期中国知识群体的激烈行为和价值选择［M］.北京：中国人民大学出版社，2010.

［62］汪海燕，吴才智.活着没商量——自杀心理及其预防［M］.北京：高等教育出版社，2008.

［63］刘志毅，等.他们为什么自杀［M］.广州：花城出版社，2010.

［64］许燕.救援生命重建希望：大学生自杀的鉴别与预防［M］.北京：北京航空航天大学出版社，2007.

［65］李万和.精神科医生话自杀、妄想、抑郁、毒痴、酒疯［M］.桂林：广西师范大学出版社，2013.

［66］尉迟淦.殡葬临终关怀［M］.中国台湾地区台北：威仕曼文化，2009.

［67］Charles A. Corr, Clyde M. Nabe, Donna M. Corr.当代生死学［M］.杨淑智译，丁宥允校.中国台湾地区台北：洪叶文化有限公司，2004.

［68］Lynne Ann Despelder, Albert Lee Strick land.死亡教育［M］.黄雅文，等译.中国台湾地区台北：五南图书出版公司，2006.

［69］段德智.主体生成论——对"主体死亡论"之超越［M］.北京：人民出版社，2009.

［70］沈清松.探索与展望：从西方现代性到中华现代性［J］.南国学术，2014（1）.

［71］沈清松.从利玛窦到海德格：跨文化脉络下的中西哲学互动［M］.中国台湾地区台北：台湾商务印书馆，2014.

［72］波伊曼.生与死——现代道德困境的挑战［M］.江丽美译.香港：桂冠图书股份有限公司，1997.

［73］康韵梅.中国古代死亡观之探究［A］.中国台湾地区台北：台湾大学中国文学研究所博士论文，1992。

［74］胡适.不朽——我的宗教［M］//欧阳哲.容忍比自由更重要：胡适与他的论敌.北京：时事出版社，1999.

［75］〔印〕克里希那穆提.生死书［M］.北京：北方联合出版传媒股份有限公司，2013.

［76］〔美〕雅克·P.蒂洛基思·W.克拉斯曼.伦理学与生活［M］.程立显，刘建，等译.北京：世界图书出版公司，2008.

［77］〔美〕詹姆斯·雷切尔斯.道德的理由（第5版）［M］.杨宗元译.北京：中国人民大学出版社，2009.

［78］〔美〕索甲仁波切.西藏生死书［M］.郑振煌译.杭州：浙江大学出版社，2011.

［79］〔法〕迪尔凯姆.自杀论［M］.冯韵文译.北京：商务印书馆，1996.

［80］〔法〕罗伯特·赫尔兹.死亡与右手［M］.吴凤玲译.上海：上海人民出版社，2011.

［81］〔澳〕约翰·麦凯.伦理学：发明对与错［M］.丁三东译.上海：上海译文出版社，2007.

［82］〔英〕鲍曼.现代性与大屠杀［M］.杨渝东，史建华译.南京：译林出版社，2002.

［83］〔罗〕波爱修斯.在死亡面前让我们谈谈人生［M］.杨朝杰译.北京：北京联合出版公司，2012.

［84］〔西〕费尔南多·萨瓦多尔.伦理学的邀请——做个好人［M］.于施洋译.北京：北京大学出版社，2008.

［85］〔法〕萨特.存在主义是一种人道主义［M］.周煦良，汤永宽译.上海：上海译文出版社，2012.

［86］〔法〕加缪.西绪福斯神话［M］.郭宏安译.北京：新星出版社，2012.

［87］〔美〕穆迪.生命不息［M］.林宏涛译.北京：世界图书出版公司，2013.

［88］〔美〕魏斯.前世今生［M］.谭智华译.北京：光明日报出版社，2011.

［89］〔美〕罗斯.生命之轮：生与死的回忆录［M］.重庆：重庆出版社，2013.

［90］〔美〕卡思卡特，克莱因.每个人都会死但我总以为自己不会［M］.胡燕娟译.北京：人民邮电出版社，2013.

［91］〔西〕加赛特.关于爱［M］.姬健梅译.北京：电子工业出版社，2013.

［92］〔加〕霍尔卡.生命中最好的事物［M］.胡晓阳译.北京：北京编译出版社，2012.

［93］〔法〕帕斯卡.人类幸福［M］.蒋晓宁译.北京：中国对外翻译出版公司，2010.

［94］〔美〕卡根.耶鲁大学公开课：死亡［M］.贝小戎，等译.北京：北京联合出版公司，2014.

［95］〔新〕慧汝.为了生命的尊严——有一种爱，让我们不再陌生［M］.北京：中央编译出版社，2011.

［96］〔美〕戴安娜·黑尔斯.健康的邀请［M］.北京：北京大学出版社，2009.

［97］〔美〕格雷戈里E·彭斯.医学伦理学经典案例（第四版）［M］.长沙：湖南科学技术出版社，2010.

［98］Philippe Aries. Western Attitudes toward Death: From the Middle Ages to the Present［M］. LonDon:The Johns Hopkins University Press,1994.

［99］Brian L. Weiss, M.D. Many Lives, Many Masters［M］. New York:Simon&Schuster Inc,1988.

［100］Nobert Elias. The Loneliness of Dying［M］. New York:The Continuum International Publishing Group Inc,2001.

［101］Moody, Raymond. Life After Life［M］. San Francisco:Harper One, 2001.

［102］Becker, Ernest. The Denial of Death［M］. New York:Free Press, 1973.

［103］Immortality Institute. The Scientific Conquest of Death［M］. Buenos Aires: Libros en Red, 2004.

［104］Herman Feifel, ed. The Meaning of Death［M］. New York: McGraw-Hill, 1959.